A. 借：固定资产—办公设备　　20 000

　　贷：零余额账户用款额度　　20 000

B. 借：事业支出　　20 000

　　贷：资金结存—零余额账户用款额度　　20 000

C. 借：固定资产—办公设备　　20 000

　　贷：银行存款　　20 000

D. 借：行政支出　　20 000

　　贷：资金结存—财政应返还额度　　20 000

28. 某行政单位已实行国库集中支付制度改革，财政国库支付执行机构通过财政零余额账户支付该单位开展专业业务活动人员工资 200 000 元，已收到财政国库支付执行机构委托代理银行转来的财政直接支付入账通知书。下列账务处理中正确的有(　　)。

A. 借：业务活动费用—基本工资　　200 000

　　贷：应付职工薪酬　　200 000

B. 借：应付职工薪酬　　200 000

　　贷：财政拨款收入　　200 000

C. 借：行政支出　　200 000

　　贷：财政拨款预算收入　　200 000

D. 借：应付职工薪酬　　200 000

　　贷：零余额账户用款额度　　200 000

29. 下列各项业务中，应通过"应缴财政款"核算的有(　　)。

A. 应缴国库的款项　　B. 应缴纳的各种税费

C. 应缴财政专户的款项　　D. 应付给职工的基本工资

30. 下列各项中，属于"非财政拨款结转"明细科目的有(　　)。

A. 本年收支结转　　B. 项目间接费用或管理费

C. 缴回资金　　D. 累计结余

三、分录题

31. 某政府单位发生如下业务：

(1) 某行政单位采购专用设备，财政直接支付 50 万元。设备尚未到达。

(2) 某行政单位前一日盘点发现长余的现金 10 元，已记入"待处理财产损溢"，无法查明原因，经批准作为单位收入。

(3) 某事业单位收到上级拨来的资金 20 万元，用于补助专项执法。

(4) 某科研单位提供专业服务，取得事业收入 5 万元。

要求：根据以上业务，编制相关会计分录。

政府会计专项练习题

一、单项选择题

1. 政府会计的主体是(　　)。

A. 企业　　B. 政府

C. 个人　　D. 非营利组织

2. 政府会计的目的是(　　)。

A. 盈利　　B. 反映政府的财务状况

C. 反映企业的财务状况　　D. 反映个人的财务状况

3. 政府会计的会计基础是(　　)。

A. 权责发生制　　B. 收付实现制

C. 现金制　　D. 混合制

4. 政府会计的会计要素包括(　　)。

A. 资产、负债、所有者权益、收入、费用

B. 资产、负债、所有者权益、收入、支出

C. 资产、负债、收入、支出

D. 资产、负债、所有者权益、收入、支出

5. 政府会计的会计政策包括(　　)。

A. 会计估计　　B. 会计假设

C. 会计政策　　D. 会计估计和会计政策

6. 政府会计的会计报表包括(　　)。

A. 资产负债表　　B. 利润表

C. 现金流量表　　D. 以上都是

7. 下列选项中，有关收付实现制的表述正确的是(　　)。

A. 收付实现制以款项收付的责任或义务是否已经发生为标准

B. 收付实现制能正确地反映各期的成本费用情况

C. 收付实现制以款项是否已经收到或付出作为核算标准

D. 收付实现制在期末需要对本期的收益和费用进行调整

8. 下列有关预算支出的说法，错误的是(　　)。

A. 预算支出一般在实际支付时予以确认

B. 预算支出以账面金额计量

C. 预算支出是在预算年度内发生的支出

D. 预算支出是依法发生并纳入预算管理的现金流出

9. 政府会计主体在对负债进行计量时，一般应当采用(　　)。

A. 现值　　B. 终值　　C. 历史成本　　D. 公允价值

学号：________　　班级：________　　姓名：________

密　封　线　内　不　要　答　题

34. 湖南新乐公司为增值税一般纳税人，适用的税率为13%，存货按实际成本进行日常核算。应收账款坏账准备采用余额百分比法，计提比例5%，按月计提，其他应收款项不计提坏账准备。原材料采用月末一次加权平均法计价，单价保留2位小数，尾差计入库存材料成本，本月只生产一种产品。

资料1：

科目余额表

2024年11月30日　　余额单位：元

总账科目	明细科目	计量单位	数量	单位	借方余额	贷方余额
库存现金					2 400	
银行存款					1 224 000	
其他货币资金					24 000	
应收账款					660 000	
预付账款					145 600	
	甲公司				145 600	
原材料					255 200	
	A材料	千克	4 000	54	216 000	
	B材料	千克	3 200	6	19 200	
	C材料	千克	800	25	20 000	
周转材料					42 000	
	包装物	个	2 000	15	30 000	
	模具	件	1 200	10	12 000	
库存商品		件	1 670	425	709 750	
固定资产					3 633 580	
	房屋与建筑物				2 421 580	
	机器设备				1 182 000	
	办公设备				30 000	
累计折旧						250 000
合同负债						538 000
	戊公司					538 000
应付职工薪酬						323 840
	工资					320 000
	住房公积金					3 840
其他应付款						23 840
	戊公司					20 000
	住房公积金					3 840

(3) 计算“销售商品、提供劳务收到的现金”项目金额。

(4) 计算“支付给职工以及为职工支付的现金”项目金额。

(5) 计算“支付的各种税费”项目金额。

(6) 计算“支付的其他与经营活动有关的现金”项目金额。

(7) 计算“购建固定资产、无形资产和其他长期资产所支付的现金”项目金额。

(5) 报表的使用者通常有哪些？

(6) 四表分别以什么结构列报？

32. 甲公司2024年有关资料如下：

(1) 销售商品收入100万元，应收票据期初余额15万元，期末余额10万元，应收账款期初余额30万元，期末余额40万元，本期预收的销售商品货款10万元。

(2) 以银行存款支付经营租赁厂房的租金8万元。

(3) 购买原材料以商业汇票结算价税款16万元，用银行存款支付工程物资货款19万元。

(4) 发放职工工资25万元，其中在建工程人员工资10万元，销售人员工资15万元。

(5) 期初应交所得税贷方余额11万元，本期发生的应交所得税6万元，期末未交所得税4万元。以银行存款支付税务局罚款5 000元。

要求：根据以上资料，回答以下问题。

(1) 简述现金流量的概念。

(2) 简述现金流量分类。

姓名：________ 班级：________ 学号：________

密 封 线 内 不 要 答 题

财务报表专项练习题

一、单项选择题

1. 下列各项中，不属于“货币资金”项目的是(　　)。

A. 收到的商业承兑汇票　　B. 收到的支票

C. 托收承付收到的款项　　D. 收到银行本票

2. 下列各项中，反映的是企业某一特定日期财务状况的报表是(　　)。

A. 利润表　　B. 资产负债表

C. 现金流量表　　D. 所有者权益变动表

3. 下列各项中，属于流动资产的是(　　)。

A. 递延所得税资产　　B. 投资性房地产

C. 债权投资　　D. 合同资产

4. 下列各项中，影响利润表中“投资收益”项目的是(　　)。

A. 处置固定资产净收益　　B. 取得银行存款定期利息

C. 处置交易性金融资产的净损益　　D. 出租无形资产的收入

5. 下列各项中，在现金流量表中不属于“投资活动产生的现金流量”的是(　　)。

A. 支付在建工程人员的工资　　B. 处置固定资产产生的现金流量

C. 支付融资租入固定资产租赁费　　D. 收到权益性投资股利

6. 根据总账科目余额直接填列的是(　　)。

A. 长期借款　　B. 应付职工薪酬　　C. 其他综合收益　　D. 开发支出

7. 富民公司年初“未分配利润”科目余额为借方 100 万元，当年利润总额 400 万元，所得税费用 84 万元，按 10%提取法定盈余公积，向投资者宣告分配股票股利 21 万元，年末资产负债表中“未分配利润”项目的金额为(　　)万元。

A. 194.4　　B. 184.4　　C. 163.4　　D. 173.4

8. 甲公司销售给乙公司 A 商品 10 万元，增值税 1.3 万元，款项尚未收到；仓库收到丙公司退货，支付退货款 15 万元，开出红色增值税专用发票注明增值税 1.95 万元；收到丁公司上月所欠货款 21 万元，增值税 6.3 万元。甲公司以上业务在“销售商品、提供劳务收到的现金”项目应填列的金额是(　　)万元。

A. 21.65　　B. 10.35　　C. 27.3　　D. 16

9. 下列各项中，在资产负债表中不属于所有者权益项目的是(　　)。

A. 其他权益工具投资　　B. 实收资本

C. 其他综合收益　　D. 未分配利润

10. 下列各项中，会对“营业外收入”项目产生影响的是(　　)。

A. 出售固定资产净收益　　B. 固定资产盘盈

C. 存货盘盈　　D. 确认与企业正常活动无关的政府补助

(5) 结转所得税费用。

(6) 计算并结转净利润。

(7) 计提法定盈余公积。

(8) 计提任意盈余公积。

(9) 向投资者分派现金股利。

(10) 结转“利润分配”其他明细账户余额。

(11) 判断年末“利润分配—未分配利润”账户余额方向，计算该账户余额。

要求：根据以上资料，分别编制甲公司接受投资者 A、B 增资时以及投资者 C 初次出资时的会计分录。

(答案中的金额以万元为单位，“应交税费”科目要求写出二级和三级明细科目)

37. 乙公司 2022 年 12 月 31 日的股本为 8 000 万股，面值为 1 元，资本公积(股本溢价)为 2 400 万元，盈余公积为 3 200 万元。经股东大会批准，A 公司以现金回购本公司股票 1 600 万股并注销。

(1) 假定 A 公司按每股 2 元回购股票。

(2) 假定 A 公司按每股 3 元回购股票。

(3) 假定 A 公司按每股 0.8 元回购股票。

要求：不考虑其他因素，做出上述三种情况下回购股票和注销股票的会计分录。

(答案中的金额以万元为单位)

30. 股份公司经批准以收购本企业股票方式减资的，购回股票支付的价款超过面值总额部分，应依次减少(　　)。

A. 股本　　B. 实收资本
C. 盈余公积　　D. 利润分配—未分配利润

31. 下列项目中，可能引起企业利润增加的有(　　)。

A. 接受现金捐赠　　B. 出租包装物
C. 确认无法支付的应付账款　　D. 向子公司销售商品

32. 下列各账户，年末应无余额的有(　　)。

A. 管理费用　　B. 所得税费用
C. 本年利润　　D. 长期待摊费用

33. 甲公司为增值税一般纳税人，2024 年 6 月，收到乙公司投入的一台设备，合同约定设备的价款为 120 万元(假定为公允价值)，取得增值税专用发票上注明增值税为 19.2 万元。甲公司收到乙公司投资后注册资金为 1 000 万元，乙公司占 10% 的股权。下列会计处理正确的有(　　)。

A. 实收资本入账金额为 100 万元　　B. 接受投资产生的溢价为 20 万元
C. 实收资本增加 120 万元　　D. 准予抵扣的进项税额为 19.2 万元

34. 某有限责任公司收到 B 企业以机器设备出资，该设备的原价为 100 万元，已计提折旧 60 万元，投资合同约定该设备价值为 50 万元(与公允价值相同且不考虑增值税)，占注册资本 40 万元，不考虑其他因素，则关于该公司会计处理的表述，正确的有(　　)。

A. 公司固定资产的入账价值为 40 万元
B. 公司固定资产的入账价值为 50 万元
C. 公司应当确认的资本公积为 10 万元
D. 公司应当确认的资本公积为 20 万元

35. 企业吸收投资者出资时，下列会计科目可能发生变化的有(　　)。

A. 盈余公积　　B. 资本公积
C. 实收资本　　D. 利润分配

三、业务分录题

36. 甲公司原由投资者 A 和投资者 B 共同出资成立，每人出资 200 万元，各占 50% 的股份。经营两年后，投资者 A 和投资者 B 决定增加公司资本，此时有一新的投资者 C 要求加入。经有关部门批准后，甲公司实施增资，将实收资本增加到 900 万元。经三方协商，一致同意，完成下述投入后，三方投资者各拥有甲公司 300 万元实收资本，并各占甲公司 1/3 的股份。协议约定投入资产按评估值入账。各投资者的出资情况如下。

(1) 投资者 A 以 5 台小轿车投入甲公司作为增资，原价 200 万元，已计提折旧 20 万元，评估确认价值为 180 万元。

(2) 投资者 B 以一批原材料投入甲公司作为增资，该批材料的账面价值为 100 万元，评估确认价值为 100 万元，税务部门认定应交增值税 13 万元。投资者 B 已开具了增值税专用发票。

(3) 投资者 C 以银行存款投入甲公司 420 万元。

所有者权益专项练习题

一、单项选择题

1. 有限责任公司在增资扩股时，新投资者的出资额大于其在注册资本中所占份额的部分，记入(　　)账户。

A. 实收资本　　B. 资本公积　　C. 股本　　D. 盈余公积

2. 企业采用权益法核算长期股权投资时，对于被投资企业因其他债权投资公允价值变动影响其他综合收益增加，期末因该事项投资企业应按所拥有的表决权资本的比例计算应享有的份额，将其计入(　　)。

A. 营业外收入　　B. 投资收益　　C. 其他业务收入　　D. 资本公积

3. 某企业年初所有者权益总额为160万元，当年以其中的资本公积转增资本50万元。当年实现净利润300万元，提取盈余公积30万元，向投资者分配利润20万元。该企业年末所有者权益总额为(　　)万元。

A. 360　　B. 440　　C. 410　　D. 460

4. 下列经济业务中，能引起所有者权益总额发生增减变化的是(　　)。

A. 提取盈余公积　　B. 以资本公积转增资本

C. 以利润弥补以前年度亏损　　D. 以盈余公积发放现金股利

5. 下列项目中，不属于留存收益的是(　　)。

A. 未分配利润　　B. 已宣告但未发放的现金股利

C. 法定盈余公积　　D. 任意盈余公积

6. 如果企业上年年末未分配利润为500 000元，本年度实现净利润2 700 000元，提取法定盈余公积后，提取任意盈余公积50 000元，分配股利2 000 000元，则期末资产负债表上应列示“未分配利润”(　　)元。

A. 880 000　　B. 650 000　　C. 700 000　　D. 750 000

7. 2024年1月1日，某企业所有者权益情况如下：实收资本200万元，资本公积17万元，盈余公积38万元，未分配利润32万元。则该企业2024年1月1日留存收益为(　　)万元。

A. 32　　B. 38　　C. 70　　D. 87

8. 企业取得与收益相关的政府补助，用于补偿已发生相关费用的，直接计入补偿当期的(　　)。

A. 资本公积　　B. 营业外收入　　C. 其他业务收入　　D. 主营业务收入

9. 某企业2024年12月主营业务收入为100万元，主营业务成本为80万元，管理费用为5万元，资产减值损失为2万元，投资收益为10万元。假定不考虑其他因素，该企业当月的营业利润为(　　)万元。

A. 13　　B. 15　　C. 18　　D. 23

为150万元的固定资产，预计使用年限为5年，采用年限平均法计提折旧。根据税法规定，2023年甲公司该固定资产的折旧额能在税前扣除的金额为50万元。

本题不考虑除企业所得税以外的税费及其他因素。

要求：

（1）2024年12月31日上述行政管理用固定资产的暂时性差异，判断该差异为应纳税暂时性差异还是可抵扣暂时性差异，并简述理由。

（2）计算甲公司2024年度的当期应交所得税。

（3）计算甲公司递延所得税金额。

（4）计算甲公司所得税费用的金额。

四、业务分录题

33. 甲公司是一家工业企业，属于增值税一般纳税人，适用税率为13%，公司采用定额备用金制度。2024年12月甲公司发生如下经济事项：

（1）2日，以银行存款支付B公司不带息银行承兑汇票，支付承兑费400元。

（2）5日，公司管理人员张蒙报销差旅费：高铁票2张，795元；增值税专用发票1张，注明住宿费2 000元，增值税120元；打车费250元；出差补助400元。

（3）8日，应付债权人宗宇公司2.5万元，予以转销。

（4）12日，甲公司销售商品领用单独计价的包装物成本2万元，增值税专用发票上注明销售收入4万元，增值税为0.52万元，款项已存入银行。

（5）14日，取得固定资产租金收入，增值税专用发票注明价款20 000元，增值税2 600元，成本8 400元。

(3) 计算营业成本、营业收入。

(4) 计算甲公司营业利润。

(5) 计算甲公司利润总额、净利润。

(6) 结转各损益类账户。

32. 甲公司2024年利润表中反映的税前会计利润为300万元，所得税税率为25%。由于未来高新技术产业升级，未来期间适用的企业所得税税率变为15%，未来期间能够产生足够的应纳税所得额用以抵减可抵扣暂时性差异。

(1) 该公司核定的全年计税工资总额为100万元，实际发放的工资总额为125万元。管理费用中含有超标的业务招待费3万元。投资收益中含有国债利息收入2万元。

(2) 甲公司2023年12月20日取得并立即提供给行政管理部门使用的一项初始入账金额

费用和利润专项练习题

一、单项选择题

1. 下列各项中，不应计入税金及附加的是(　　)。

A. 消费税　　B. 印花税

C. 车辆购置税　　D. 城市维护建设税

2. 下列各项业务中，不应计入营业外收入的是(　　)。

A. 存货盘盈　　B. 固定资产报废净收益

C. 接受现金捐赠　　D. 转销无法偿付的应付账款

3. 下列各科目，年末应有余额的是(　　)。

A. 管理费用　　B. 资产减值损失　　C. 营业外收入　　D. 预付账款

4. 甲企业本期主营业务收入为500万元，其他业务收入为200万元，主营业务成本为200万元，其他业务成本为100万元，财务费用为15万元，研发费用为45万元，公允价值变动收益为60万元，投资收益为20万元，假定不考虑其他因素，该企业本期营业收入为(　　)万元。

A. 400　　B. 420　　C. 465　　D. 480

5. 下列各项中，不属于企业期间费用的是(　　)。

A. 随同商品出售且单独计价的包装物成本

B. 已售商品预计保修费

C. 企业发生的财务费用

D. 聘请中介机构费用

6. 企业超过标准的业务招待费，应当计入(　　)。

A. 管理费用　　B. 所得税费用　　C. 销售费用　　D. 其他业务成本

7. 下列各项中，不影响营业利润的项目有(　　)。

A. 原材料销售收入

B. 现金股利收入

C. 出售长期股权投资净损益

D. 企业已发出但尚未确认的销售收入

8. 湖南宗宇制造有限公司2024年3月份发生的费用有：发生生产车间管理人员工资70万元，发生财务部门人员工资50万元，支付广告费用50万元，计提短期借款利息30万元，支付固定资产维修费40万元。则该企业当期的期间费用总额为(　　)万元。

A. 120　　B. 140　　C. 170　　D. 240

9. 下列各项中，不属于费用的是(　　)。

A. 其他业务成本　　B. 税金及附加

C. 销售费用　　D. 营业外支出

35. 甲公司是一家咨询公司，适用的增值税税率为6%。甲公司获得一个服务期为3年的客户，每年含税咨询费收入190.8万元。甲公司为获得该合同，支付律师尽职调查发生的相关费用2万元；公司职员为取得合同，发生差旅费3万元、投标费用1.5万元、销售人员佣金10.8万元，以上支出均用银行存款支付，预期未来均能收回。履约过程中，支付职工工资49万元，发生固定资产折旧8万元，支付相关费用15万元。

要求：

（1）编制与取得合同相关的会计分录。

（2）编制履行合同相关支出的会计分录。

（3）编制确认收入的会计分录。

（4）编制结转成本的会计分录。

（5）编制摊销销售佣金的会计分录。

32. 2023 年甲公司与乙公司签订了一份建筑合同，在乙公司的场地上为乙公司建造一幢写字楼，在合同中，甲公司为乙公司提供工程技术、场地清理、采购建筑材料、设备安装以及维修等服务，总造价 8 000 万元。2023 年 9 月 2 日工程开工，预计在 2023 年 12 月底完工。2023 年 9 月 30 日，甲公司预收乙公司支付的工程款 3 000 万元存入银行，其余款项等完工交付使用后结算。2023 年甲公司为该工程实际发生的劳务成本为 2 240 万元。预计完工还需发生成本 3 360 万元。该合同按完工百分比法确认收入。

要求：

（1）如何识别合同中单项履约义务？

（2）判断本例中建造写字楼、采购建筑材料、设备安装以及维修服务是否构成单项履约义务，请简述理由。

（3）判断该履约义务是某一时间点还是某一时间段内完成的商品收入，并简述理由。

（4）请列举某一时间段履行的履约义务的收入确认方法。

（5）计算履约进度。

（6）计算本期应确认的收入。

C. 合同履约成本减值准备在以后期间可以转回

D. 合同履约成本与一份当前或预期取得的合同相关

28. 下列各项中，影响企业销售商品收入的金额的是(   )。

A. 企业与购货方签订的合同或协议金额　　B. 预计很可能发生的现金折扣

C. 商业折扣　　D. 代垫购货方的运杂费

29. 下列各项中，按照收入准则进行会计处理的有(   )。

A. 企业以存货换取客户存货　　B. 企业以存货换客户的固定资产

C. 债权投资取得的利息　　D. 保险合同取得的保费收入

30. 在某一时点履行履约义务确认收入，在判断控制权是否转移时，企业应当综合考虑以下迹象(   )。

A. 客户就该商品负有现时付款义务

B. 客户已拥有该商品的法定所有权

C. 客户已占有该商品实物

D. 客户已取得该商品所有权的主要风险和报酬

三、案例分析题

31. 中振公司为增值税一般纳税企业，适用的增值税税率为13%。2023年5月1日，向甲公司销售A商品2 000件，每件标价150元，由于是成批销售，给予甲公司10%的商业折扣，为了及早收回货款，中振公司在合同中规定的现金折扣条件为：2/20，n/30，现金折扣不考虑增值税。中振公司根据经验，甲公司在20天内付款的概率为95%，20天后付款的概率为5%。

要求：

(1) 请回答现金折扣条件为：2/20，n/30的含义。

(2) 简述可变对价的概念，指出本例中哪些是可变对价。

(3) 请写出确认最佳估计数的方法，并计算本例中现金折扣的最佳估计数。

(4) 计算中振公司销售商品收入确认金额。

(5) 计算中振公司销售商品应收账款的金额。

(6) 编制中振公司确认收入时的会计分录。

收入专项练习题

一、单项选择题

1. 根据收入的确认标准，企业在发出商品时即确认收入的销售方式是(　　)。

A. 支付手续费方式委托代销商品　　B. 分期收款销售
C. 交款提货　　D. 托收承付

2. 企业对于已经发出但尚未确认销售收入的商品成本，应借记的会计科目是(　　)。

A. 在途物资　　B. 库存商品　　C. 发出商品　　D. 主营业务成本

3. 甲企业于 2024 年 12 月接受一项机器设备安装任务，安装期 6 个月，合同总收入 50 万元，年度预收款项 20 万元，余款在安装完成时收回，当年实际发生成本 25 万元，预计还将发生成本 15 万元。该项任务 2024 年度应确认的劳务收入为(　　)万元。

A. 50　　B. 31.25　　C. 25　　D. 20

4. 下列各项中，属于收入的定义的是(　　)。

A. 收入是企业在日常活动中形成的经济利益的净流入
B. 收入会导致企业所有者权益的减少
C. 收入形成的经济利益总流入的形式多种多样，既可能表现为资产的增加，也可能表现为负债的减少
D. 收入与所有者投入资本有关

5. 支付手续费方式委托代销下，委托方收到委托代销清单时支付的代销手续费，应记入(　　)会计科目。

A. 财务费用　　B. 销售费用　　C. 其他业务成本　　D. 管理费用

6. 收入是企业在日常活动中产生的经济利益的总流入，下列各项中，不属于收入核算的是(　　)。

A. 对外销售原材料的收入
B. 出售固定资产的收入
C. 收取手续费方式下代销方取得的代销商品的收入
D. 出租无形资产的租金收入

7. 下列各项中不属于让渡资产使用权收入的是(　　)。

A. 出租包装物的租金收入　　B. 转让专利权的收入
C. 出售固定资产净收益　　D. 债券投资利息收入

8. 下列有关销售商品收入的处理中，正确的有(　　)。

A. 采用收取手续费的委托代销方式销售商品，发出商品时就确认收入
B. 当期售出的商品被退回时，直接冲减销售当期的收入、成本、税金等相关项目
C. 当期售出的商品发生销售折让时，直接将发生的销售折让作为当期的销售费用处理

25. 公司发行债券为建造专用生产线筹集资金，适用的增值税税率为13%。有关资料如下。

(1) 2019年12月31日，委托证券公司以8 000万元的价格发行3年期、分期付息公司债券，该债券的面值为8 000万元，票面利率为4.5%，实际利率等于票面利率，每年付息一次，到期后按面值偿还，支付的发行费用与发行期间冻结资金产生的利息收入相等。

(2) 生产线建造工程采用自营方式，于2020年1月1日动工，当日购入需要安装的机器设备，取得增值税专用发票，价款为7 000万元，增值税为910万元，2020年12月31日所建造的生产线达到预定可使用状态，并支付安装费用100万元。

(3) 假定各年度利息的实际支付日期均为下年度的1月10日，2023年1月10日支付2022年度利息，并偿付面值。

要求：编制有关会计分录。

26. (1) 创佳公司为维持日常生产经营周转，于2022年4月1日向银行申请借入资金150 000元。该笔借款年利率为6%，期限为3个月，到期一次还本付息。

要求：请分别做出取得借款、计提借款利息和偿还本利的有关会计处理。

(2) 创新公司于2022年1月1日从银行借入资金300 000元，借款期限为3年，年利率为8%(每年年末付息一次)，实际利率与合同利率相同，所借款项已存入银行。2022年1月15日用这笔借款购买需安装的设备一台，价款460 000元，另支付运杂费及保险费等费用40 000元。2022年10月1日该设备安装完成交付使用。

要求：请分别做出该公司2022年长期借款借入、利息计提以及偿还的会计处理。

(3) 创记公司于2020年1月1日按面值发行总面值为500 000元、期限为3年的企业债券，用于公司日常经营周转。该债券票面利率为10%，实际利率与票面利率相同。债券利息于每年年末支付，本金到期一次偿还。

要求：请分别做出该公司发行债券、计提和支付债券利息以及到期偿还本利的会计处理。

学号：＿＿＿＿＿＿ 班级：＿＿＿＿＿＿ 姓名：＿＿＿＿＿＿

密 封 线 内 不 要 答 题

非流动负债专项练习题

一、单项选择题

1. 某企业发行分期付息、到期一次还本的债券，按其票面利率计算确定的应付未付利息，应该记入(　　)科目。

A. 应付债券—应计利息　　B. 应付利息

B. 应付债券—利息调整　　D. 应付债券—面值

2. 企业发生长期借款利息的情况下，借方不可能涉及的科目是(　　)。

A. 管理费用　　B. 应付利息　　C. 财务费用　　D. 在建工程

3. 企业发生的下列各项利息支出中，不应该计入财务费用的是(　　)。

A. 应付债券的利息　　B. 短期借款的利息

C. 带息应付票据的利息　　D. 筹建期间的长期借款利息

4. 甲公司于2022年1月1日从银行借入资金800万元，借款期限为2年，年利率为6%，利息从2022年开始每年年初支付，到期时归还本金及最后一年利息。所借款项已存入银行。2022年12月31日该长期借款的账面价值为(　　)万元。

A. 48　　B. 896　　C. 848　　D. 800

5. 乙企业2024年7月1日按面值发行5年期债券200万元。该债券到期一次还本付息，票面年利率为5%，实际利率也为5%。乙企业2024年应确认的财务费用为(　　)万元。

A. 0　　B. 10　　C. 5　　D. 50

6. 下列各项对长期借款利息费用的会计处理，错误的是(　　)。

A. 筹建期间的借款利息计入管理费用

B. 筹建期间的借款利息计入长期待摊费用

C. 日常生产经营活动的借款利息计入财务费用

D. 符合资本化条件的借款利息计入相关资产成本

7. 丙公司于2024年1月1日向B银行借款1 000 000元，为期3年，一次还本付息，合同利率为3%，实际利率为4%，为取得借款发生手续费27 747元，2024年年末“长期借款”账户余额为(　　)元。

A. 1 011 143.12　　B. 1 002 253　　C. 981 143.1　　D. 972 253

8. 丁企业发行到期一次还本付息的债券，按其票面利率计算确定的应付未付利息，应该记入的账户是(　　)。

A. 应付债券—应计利息　　B. 应付利息

C. 应付债券—利息调整　　D. 应付债券—面值

9. 企业借入各种长期借款，按实际收到的款项，借记“银行存款”科目，贷记“长期借款—本金”科目，两者之间的差额，记入(　　)科目。

A. 财务费用　　B. 长期借款—利息调整

C. 投资收益　　D. 应付利息

32. 甲公司为增值税一般纳税人，本年 8 月以现金收购一批免税农产品 A，法定收购凭证内列卖价 100 000 元，并于本年 9 月全部领用农产品 A 用于生产增值税税率为 13%的饼干。本年 10 月，甲公司用现金向农民收购一批免税农产品 B，法定收购凭证内列卖价200 000 元，并于本年 11 月全部领用农产品 B 全部对外出售，开具增值税专用发票，注明价款 210 000 元、增值税 18 900 元。甲公司原材料成本的核算采用实际成本法。

要求：

(1) 进行本年 8 月甲公司购入免税农产品 A 时的账务处理。

(2) 进行本年 9 月甲公司领用农产品 A 用于生产增值税税率为 13%的饼干时的账务处理。

(3) 进行本年 10 月甲公司购入免税农产品 B 时的账务处理。

(4) 进行本年 11 月甲公司将农产品 B 全部直接对外销售时的账务处理。

33. 甲公司为增值税一般纳税人，本年 5 月把食堂用的空调调整到财务室使用，该空调购置时间为本年 1 月，原值为 2 260 元。购置空调时取得增值税专用发票，发票上注明价款 2 000 元，增值税 260 元。甲公司本年 2 月对取得增值税专用发票进行了认证。该空调折旧方法采用直线法，折旧年限为 5 年，净残值率为 5%。

要求：

(1) 完成甲公司本年 1 月取得增值税专用发票但没有认证时的账务处理。

(2) 完成甲公司本年 2 月取得的增值税专用发票经税务机关认证时的账务处理。

(3) 完成甲公司本年 2 月进项税额转出时的账务处理。

(4) 完成甲公司本年 5 月将食堂用的空调调整到财务室使用时的账务处理。

26. 甲公司为增值税一般纳税人，采购了 5 台空调(均取得了增值税专用发票)，分别用于下列用途，其中准予抵扣进项税额的有(　　)。

A. 职工宿舍　　B. 办公大楼　　C. 仓库　　D. 生产车间

27. 根据增值税法律制度，增值税一般纳税人不得从销项税额中抵扣进项税额的有(　　)。

A. 集体福利　　B. 销售　　C. 投资　　D. 交际应酬

28. 通过“税金及附加”科目核算的内容有(　　)。

A. 增值税　　B. 消费税

C. 城市维护建设税　　D. 教育费附加及房产税

29. 某企业为增值税一般纳税人，委托其他单位加工应税消费品，该产品收回后继续加工应税消费品，下列各项中，应计入委托加工物资成本的有(　　)。

A. 发出材料的实际成本　　B. 支付给受托人的加工费

C. 支付给受托方的增值税　　D. 受托方代收代缴的消费税

30. 根据消费税法律制度的规定，下列各项中，应征收消费税的有(　　)。

A. 甲电池厂生产销售电池　　B. 丁百货公司零售钻石胸针

C. 丙首饰厂生产销售玉手镯　　D. 乙超市零售啤酒

三、计算分析题

31. 2024 年 8 月，甲公司员工出差乘坐飞机，取得航空运输电子客票行程单上注明票价 3 002 元，燃油附加费 50 元；乘坐高铁，取得铁路车票上注明的票价为 1 308 元，乘坐渡轮取得船票注明的价格为 360. 5 元；乘坐网约车，取得国内旅客运输服务的增值税电子普通发票注明的金额为 200 元，税额为 6 元。已知：航空运输电子客票行程单、铁路车票适用的增值税税率为 9%，公路、水路等其他客票适用的扣除率为 3%。

要求：计算甲公司本月准予抵扣的进项税额。

密封线内不要答题

学号：__________ 班级：__________ 姓名：__________

流动负债专项练习题(二)

一、单项选择题

1. 甲公司委托加工高档化妆品，收取不含税增值税加工费 14 万元，委托方提供主要材料成本 56 万元，甲公司无同类化妆品销售价格。已知高档化妆品消费税税率为 15%。甲公司委托加工业务应代收代缴消费税为(　　)万元。

A. 12. 35　　B. 9. 88　　C. 10. 5　　D. 8. 4

2. 下列税收不是由海关征收的是(　　)。

A. 关税　　B. 船舶吨税

C. 进口货物征收的增值税和消费税　　D. 车船税

3. 下列行为中，属于视同销售行为的是(　　)。

A. 甲商贸公司将外购的矿泉水用于交际应酬

B. 乙超市将外购的洗衣粉作为集体福利发给职工

C. 丙玩具厂将自产的玩具无偿赠送给养老院

D. 丁服装厂将外购的面料用于生产服装

4. 下列为征增值税项目的是(　　)。

A. 存款利息　　B. 被保险人获得的保险赔付

C. 物业代收的住宅专项维修资金　　D. 企业为关联企业无偿提供的服务

5. 甲公司建造办公楼领用外购原材料，其价款为 10 000 元，原材料购入时支付的增值税为 1 300 元，因意外火灾毁损一批，其实际成本为 20 000 元，经确认损失材料的增值税为 2 600 元，则甲公司记入“应交税费—应交增值税(进项税额转出)”科目金额为(　　)元。

A. 680　　B. 2 600　　C. 1 300　　D. 5 100

6. 增值税一般纳税人销售自产的特殊货物，可选择按照简易办法计税，选择简易办法计算缴纳增值税后一定期限内不得变更，该期限是(　　)。

A. 24 个月　　B. 12 个月　　C. 36 个月　　D. 18 个月

7. 某大型水果超市为增值税一般纳税人，某日从农民手中收购一批苹果，农产品收购发票上注明的收购价款为 8 000 元，该超市对苹果做了清洗包装后，出售给了甲企业，开具增值税专用发票上注明的金额为 12 000 元。已知，该超市销售农产品适用税率为 9%，则该超市应缴纳增值税的下列计算列式中，正确的是(　　)。

A. 12 000×9%-8 000×9%=360(元)

B. 12 000÷(1+9%)×9%-8 000×9%=270. 83(元)

C. 12 000÷(1+13%)×13%-8 000×9%=660. 53(元)

D. 12 000×13%-8 000×9%=840(元)

8. 下列关于消费税纳税义务发生时间的表述中，不正确的是(　　)。

A. 委托加工应税消费品的，为纳税人提货当天

33. 某企业的第一生产车间本月共发生制造费用 51 820 元，其中折旧费和修理费为 26 880 元，其他费用为 24 940 元。该车间共生产甲、乙两种产品，甲产品机器工时为 300 小时，乙产品机器工时为 200 小时。甲产品生产工时为 2 500 小时，乙产品生产工时为 1 800 小时。

要求：根据上述资料，折旧费和修理费采用机器工时比例法，其他费用采用生产工时比例法分配制造费用，并将计算结果填入下表中：

产品名称	折旧费、修理费			其他费用			制造费用
	机器工时	分配率	分配金额	生产工时	分配率	分配金额	
甲产品							
乙产品							
合计							

四、业务分录题

34. 宏发公司于 2024 年 1 月 1 日向银行借入一笔生产经营用的款项，共计 100 000 元，期限为 9 个月，年利率为 6%。根据协议，该项借款本金到期后一次归还，利息按月预提、按季支付。

要求：编制款项借入、每月计提利息、每季支付利息及到期还本的会计分录。

要求：按定额工时比例分配甲、乙产品生产工人工资。

32. 某工业企业某级工人加工甲、乙两种产品。甲产品工时定额为30分钟，乙产品工时定额为45分钟。该级工人的小时工资率为6.6元。该级工人某月加工甲产品470件(其中，料废产品60件)，乙产品220件(其中，工废产品12件)。

要求：

(1) 计算该级工人生产甲、乙两种产品的计件工资单价。

(2) 计算该级工人该月应得的计件工资。

学号：________ 班级：________ 姓名：________

密 封 线 内 不 要 答 题

流动负债专项练习题(一)

一、单项选择题

1. 下列各项中，应通过“其他应付款”科目核算的是(　　)。

A. 应付现金股利　　B. 应交教育费附加

C. 应付租入包装物租金　　D. 应付管理人员工资

2. 职工工资中代扣的职工房租，应借记的会计科目是(　　)。

A. 应付职工薪酬　　B. 银行存款　　C. 其他应收款　　D. 其他应付款

3. 下列有关应付票据处理的表述中，不正确的是(　　)。

A. 企业开出并承兑商业汇票时，应按票据的到期值贷记“应付票据”

B. 企业支付的银行承兑手续费，记入当期“财务费用”

C. 应付票据到期支付时，按账面余额结转

D. 企业到期无力支付的商业承兑汇票，应按票面金额转入“应付账款”

4. 某企业以一张期限为6个月的商业承兑汇票支付货款，面值为100万元，票面年利率为4%。该票据到期时，企业应支付的金额为(　　)万元。

A. 100　　B. 102　　C. 104　　D. 140

5. 企业因债权人撤销而转销无法支付的应付账款时，应将所转销的应付账款计入(　　)。

A. 资本公积　　B. 其他应付款　　C. 营业外收入　　D. 其他业务收入

6. 企业收取包装物押金及其他各种暂收款项时，应贷记(　　)科目。

A. 营业外收入　　B. 其他业务收入　　C. 其他应付款　　D. 其他应收款

7. 企业对应付的商业承兑汇票，如果到期不能足额付款，在会计处理上应将其转作(　　)。

A. 应付账款　　B. 其他应付款　　C. 预付账款　　D. 短期借款

8. 下列各项中，不属于短期职工薪酬的是(　　)。

A. 职工教育经费　　B. 离职后福利　　C. 生活困难补助　　D. 工会经费

9. 企业的应付账款确实无法支付，经确认后转作(　　)。

A. 营业外收入　　B. 投资收益　　C. 其他业务收入　　D. 资本公积

10. 短期借款在核算时，不会涉及的账户是(　　)。

A. 短期借款　　B. 应付利息　　C. 财务费用　　D. 在建工程

11. 企业到期无力支付的银行承兑汇票应转入(　　)账户。

A. 应付账款　　B. 预付账款　　C. 短期借款　　D. 财务费用

12. 企业开出并承兑的商业承兑汇票如果不能如期支付，应在票据到期并未签发新的票据时，将应付票据账面余额转入(　　)。

A. 应收账款　　B. 应付账款　　C. 坏账损失　　D. 短期借款

万元。乙公司于2023年9月1日实际分派现金股利。

不考虑相关税费等其他因素的影响。

要求：完成甲公司相关账务处理。

35. 2022—2023年，甲公司发生的与股权投资相关的交易或事项如下：

资料1：甲公司以支付200万元的对价取得乙公司20%有表决权股份，能够对乙公司施加重大影响，当日乙公司可辨认净资产账面价值为1 400万元，可辨认净资产公允价值为1 450万元，引起两者差额的原因是一台设备。该设备账面价值为100万元，原值120万元，预计净残值为0，采用年限平均法计提折旧，预计使用年限为12年；公允价值为150万元，取得投资时其尚可使用年限为10年。

资料2：2022年1月，乙公司将其成本为10万元的库存商品以15万元的价格出售给甲公司，甲公司将取得的商品作为存货。截至2022年12月31日，甲公司仍未对外出售该存货。

资料3：乙公司2022年实现净利润3 000万元，甲公司取得的上述存货未出售。

资料4：乙公司2023年实现净利润3 800万元，甲公司取得的上述存货已全部出售。

假定甲公司取得该项投资时，两者在以前期间未发生过内部交易。假定不考虑相关税费等其他因素影响。

要求：

(1) 完成取得该投资时的账务处理。

(2) 完成相关的账务处理，并计算2022年及2023年实现的投资收益金额。

他因素，下列各项中甲公司2023年与该投资相关的会计处理中，正确的有(　　)。

A. 确认投资收益455万元　　B. 确认财务费用50万元

C. 确认其他综合收益15万元　　D. 确认营业外收入150万元

三、计算分析题

31. 2022年至2023年，甲公司发生的与长期股权投资相关的交易或事项如下：

资料1：2022年1月1日，甲公司以银行存款3 000万元自非关联方取得乙公司25%的股权，甲公司能够和丙公司对乙公司的财务和经营政策实现共同控制。当日，乙公司可辨认净资产的账面价值为17 000万元，各项可辨认资产、负债的公允价值均与其账面价值相同。

资料2：2022年1月1日至12月31日，乙公司实现净利润6 00万元，其间，甲公司将一批成本为60万元的存货以100万元的价格出售给乙公司，该存货未计提过减值准备，乙公司当期已对外出售80%，另外，其所持以公允价值计量且其变动计入其他综合收益的金融资产的公允价值增加50万元。

资料3：2023年年底乙公司实现净利润2 000万元，其间，乙公司将剩下20%的存货出售完，假定未发生其他影响所有者权益变动的事项。本题不考虑相关税费及其他因素。

要求：

(1) 判断上述长期股权投资的后续计量应采用权益法还是成本法，请说明理由。

(2) 计算甲公司2022年1月1日取得乙公司25%股权时，长期股权投资的初始投资成本，并编制相关会计分录。

(3) 计算甲公司2022年度对乙公司股权投资应确认投资收益和其他综合收益的金额，并编制相关会计分录。

(4) 计算甲公司2023年度对乙公司股权投资应确认投资收益的金额，并编制相关会计分录。

A. 被投资单位实现净利润　　B. 被投资单位发行一般公司债券

C. 被投资单位宣告发放现金股利　　D. 被投资单位实际发放现金股利

25. 计算长期股权投资的初始投资成本时，应考虑下列(　　)因素。

A. 购买价款

B. 相关税费

C. 购买价款中包含的被投资单位已宣告但尚未发放的现金股利

D. 发行权益性证券的手续费

26. 投资方发生的下列交易或事项中，将导致投资收益增加的有(　　)。

A. 采用成本法核算的长期股权投资，被投资者宣告分配现金股利

B. 采用权益法核算的长期股权投资，被投资者实现净利润

C. 采用权益法核算的长期股权投资，被投资者宣告分配现金股利

D. 发行权益性证券取得长期股权投资所支付的手续费

27. 2024 年 1 月 1 日，甲公司通过定向增发本企业普通股 10 000 000 股(每股面值 1 元，每股公允价值 2 元)为对价，从非关联方处取得乙公司 100%的股权，能够对乙公司施加控制。为增发该普通股，甲公司支付给券商的佣金和手续费为 100 000 元。不考虑其他因素，甲公司因取得乙公司 100%股权的下列表述中，正确的有(　　)。

A. 甲公司应确认股本 20 000 000 元

B. 甲公司取得乙公司长期股权投资应采用成本法进行后续计量

C. 甲公司取得乙公司长期股权投资初始入账成本为 20 000 000 元

D. 甲公司应确认的资本公积为 9 900 000 元

28. 甲公司于 2024 年 5 月 15 日自公开市场买入乙公司 30% 的股份，实际支付价款 1 000 万元，在购买过程中另支付手续费等相关费用 10 万元，甲公司取得该部分股权后能够对乙公司施加重大影响，当日乙公司可辨认净资产公允价值为 6 000 万元，12 月 31 日，乙公司宣告发放现金股利 20 万元。不考虑其他因素，下列各项关于甲公司取得长期股权投资的账务处理中正确的有(　　)。

A. 借记“长期股权投资—成本”科目 1 010 万元

B. 借记“应收股利”科目 20 万元

C. 贷记“银行存款”科目 1 010 万元

D. 借记“长期股权投资—损益调整”科目 790 万元

29. 采用权益法核算时，可能记入“长期股权投资—损益调整”账户贷方的有(　　)。

A. 被投资企业宣告分派现金股利

B. 取得投资时的初始成本

C. 被投资企业各交易事项引起的其他综合收益

D. 被投资企业实现净利润

30. 2023 年 1 月 1 日，甲公司以银行存款 4 000 万元取得乙公司 30%的股份，另以银行存款 50 万元支付了与该投资直接相关的手续费，能够对乙公司施加重大影响。当日，乙公司可辨认净资产的公允价值为 14 000 万元。各项可辨认资产、负债的公允价值均与其账面价值相同。乙公司 2023 年实现净利润 1 500 万元，其他债权投资的公允价值上升 50 万元。不考虑其

学号：________ 班级：________ 姓名：________

密 封 线 内 不 要 答 题

长期股权投资专项练习题

一、单项选择题

1. 下列各项中，可以作为长期股权投资核算的是(　　)。

A. 国债　　B. 基金　　C. 期权　　D. 股票

2. 关于长期股权投资的初始计量，通过非企业合并方式形成的长期股权投资，应按(　　)作为长期股权投资的初始投资成本。

A. 付出对价的账面价值加相关税费之和

B. 购买价款+相关税费

C. 购买价款+相关税费+购买价款中已包含的被投资单位已宣告但尚未发放的现金股利

D. 购买价款+相关税费-购买价款中已包含的被投资单位已宣告但尚未发放的现金股利

3. 2024 年 1 月 1 日，甲公司以 2 000 万元作为对价，自非关联方处取得乙公司 20%有表决权的股份，能够对乙公司产生重大影响，另以银行存款支付审计费和律师费 60 万元。不考虑其他因素，甲公司对乙公司长期股权投资的初始投资成本为(　　)万元。

A. 2 060　　B. 3 200　　C. 2 400　　D. 2 460

4. 2024 年 1 月 1 日，长林股份公司以 1 200 万元作为对价，自非关联方处取得乙公司 10%有表决权的股份，能够对乙公司产生重大影响，支付的价款中包含乙公司已宣告但尚未发放的现金股利 100 万元。乙公司可辨认净资产账面价值为 12 000 万元，公允价值为16 000 万元。不考虑其他因素，长林股份公司对乙公司长期股权投资的初始投资成本为(　　)万元。

A. 1 200　　B. 1 600　　C. 2 400　　D. 1 100

5. 甲、乙两公司均为增值税一般纳税人，适用的增值税税率为 13%，甲公司于 2024 年 1 月 1 日用一批原材料对乙公司进行长期股权投资，占乙公司 60%的股权。投资的原材料账面余额为 2 500 万元，未计提存货跌价准备，公允价值为 2 750 万元；投资时乙公司可辨认净资产公允价值为 5 500 万元。假设甲、乙公司不存在关联关系，属于非同一控制下的企业合并。则甲公司投资时长期股权投资的入账价值为(　　)万元。

A. 3 300　　B. 2 750　　C. 2 500　　D. 3 107.5

6. 权益法下，被投资方实现净利润时，投资方应将其享受的份额部分记入(　　)。

A. 长期股权投资—其他权益变动　　B. 长期股权投资—其他综合收益

C. 投资收益　　D. 营业外收入

7. 权益法下，长期股权投资的初始投资成本小于投资时应享有被投资单位可辨认净资产公允价值份额的，应将其差额记入(　　)。

A. 长期股权投资—其他权益变动　　B. 长期股权投资—损益调整

C. 不调整长期股权投资的初始投资成本　　D. 营业外收入

30. 2023 年 1 月 1 日，甲公司以银行存款 1 200 万元购入乙公司当日发行的 3 年期分期付息、到期还本的一般公司债券，该债券面值为 1 000 万元、票面年利率为 5%、每年年末支付当年利息。甲公司按规定将其分类为以摊余成本计量的金融资产，该债券投资的实际年利率为 4%。年末，该债券发生减值迹象，甲公司将该债券计提减值准备 10 万元。不考虑其他因素，甲公司下列会计处理中正确的有(　　)。

A. 2023 年 1 月 1 日，该债券的初始计量金额为 1 000 万元

B. 2023 年应确认的投资收益为 48 万元

C. 2023 年应确认的减值损失计入债券投资减值准备

D. 2024 年应确认的投资收益为 45. 68 万元

三、计算分析题

31. 2023 年 1 月 1 日，甲公司从二级市场上购入乙公司于当日公开发行的债券 1 000 张，每张面值 100 元，其票面年利率为 6%，市场年利率为 5%，每年年末支付利息。购入时每张支付款项 97 元，另支付相关费用 1 万元，上述款项均以银行存款支付。甲公司对其购入债券的业务管理模式是以收取合同现金流量和出售该金融资产为目的。该债券的合同条款规定，在特定日期产生的现金流量，仅为对本金和以未偿付本金金额为基础的利息的支付。假定不考虑相关税费及其他因素。

2023 年 12 月 31 日，公允价值为 11 万元。

2024 年 1 月 1 日，将上述金融资产进行出售，售价 12 万元。

要求：

(1) 请判断甲公司应将上述金融资产分为哪一类，并说明理由。

(2) 请计算上述金融资产的入账金额，并做出相关账务处理。

(3) 请计算 2023 年 12 月 31 日的摊余成本，并做出相关账务处理。

(4) 请计算 2023 年 12 月 31 日的公允价值变动额，并做出相关账务处理。

(5) 请编制出售该金融资产相关的账务处理。

B. 将债权投资重分类为其他债权投资，应当按重分类日的公允价值确定其他债权投资的成本，原账面价值与公允价值之间的差额计入其他综合收益

C. 以公允价值计量且其变动计入其他综合收益的金融资产重分类为以摊余成本计量的金融资产的，应当将之前计入其他综合收益的累计利得和损失转出，调整该金融资产在重分类日的公允价值，并以调整后的金额作为新的账面价值，即视同该金融资产一直以摊余成本计量

D. 以公允价值计量且其变动计入其他综合收益的金融资产重分类为以公允价值计量且其变动计入当期损益的金融资产的，应当继续以公允价值计量该金融资产，同时将之前计入其他综合收益的利得和损失转入当期损益

25. 下列关于以公允价值计量且其变动计入其他综合收益的金融资产的说法，正确的有(　　)。

A. 持有期间确认利息时，无论是否分期付息，均通过“其他债权投资—应计利息”核算

B. 摊余成本乘以实际利率的金额记入“其他综合收益”账户

C. 其公允价值变动引起的损益记入“公允价值变动损益”账户

D. 产生的减值损失应记入“其他综合收益”账户

26. 下列各项中，影响金融资产的摊余成本的有(　　)。

A. 扣除已偿还的本金

B. 扣除计提的累计信用减值准备

C. 加上或减去采用实际利率法计算的累计摊销额

D. 票面利率

27. 下列各项交易中，应确认投资收益的有(　　)。

A. 取得交易性金融资产时发生的交易费用

B. 取得其他权益工具投资时发生的交易费用

C. 其他债券投资公允价值变动额

D. 债券投资处置时实际收到价款与其账面价值的差额

28. 下列各项中，说法正确的有(　　)。

A. 企业对金融资产的分类一经确定，不得随意变更

B. 企业持有的股权投资不能进行重分类

C. 指定为以公允价值计量且其变动计入其他综合收益的非交易性权益工具投资需要计提减值准备

D. 交易性金融资产持有期间被投资方宣告发放的现金股利影响当期损益

29. 下列关于各项金融资产出售的表述中，正确的有(　　)。

A. 处置其他债权投资时，应将实际收到的金额与其他债权投资账面价值之间的差额，计入当期损益

B. 其他债权投资原计入其他综合收益的金额，处置时不影响当期损益

C. 处置债权投资时，应将实际收到的金额与其期末摊余成本之间的差额，计入投资收益

D. 处置其他权益工具投资时，结转原计入所有者权益的公允价值变动不影响所有者权益

学号：________ 班级：________ 姓名：________

密封线内不要答题

金融资产专项练习题

一、单项选择题

1. 甲公司对其购入债券的业务管理模式是以收取合同现金流量和出售该金融资产为目的。该债券的合同条款规定，在特定日期产生的现金流量，仅为对本金和以未偿付本金金额为基础的利息的支付。不考虑其他因素，甲公司应将该债券投资分类为(　　)。

A. 交易性金融资产

B. 以摊余成本计量的金融资产

C. 以公允价值计量且其变动计入当期损益的金融资产

D. 以公允价值计量且其变动计入其他综合收益的金融资产

2. 甲公司对其购入债券的业务管理模式是以收取合同现金流量为目的。该债券的合同条款规定，在特定日期产生的现金流量，仅为对本金和以未偿付本金金额为基础的利息的支付。不考虑其他因素，甲公司应将该债券投资分类为(　　)。

A. 交易性金融资产

B. 以摊余成本计量的金融资产

C. 以公允价值计量且其变动计入当期损益的金融资产

D. 以公允价值计量且其变动计入其他综合收益的金融资产

3. 甲公司对其购入的股票持有目的是交易性的。不考虑其他因素，甲公司应将该股权投资分类为(　　)。

A. 其他权益工具投资

B. 以摊余成本计量的金融资产

C. 以公允价值计量且其变动计入当期损益的金融资产

D. 以公允价值计量且其变动计入其他综合收益的金融资产

4. 2024 年 7 月 1 日，甲公司购入乙公司 2024 年 1 月 1 日发行的 5 年期公司债券，支付价款 3 000 万元，另支付费用 5 万元。该债券的面值为 3 000 万元，票面利率为 10%，每年 1 月 15 日和 7 月 15 日支付半年利息，到期归还本金。甲公司按规定将其划分为以摊余成本计量的金融资产，则该项金融资产的入账价值为(　　)万元。

A. 3 000　　B. 3 010　　C. 2 855　　D. 2 850

5. 2024 年 1 月 1 日，某公司购入 A 公司的股票 10 万股，将其指定为以公允价值计量且其变动计入其他综合收益的金融资产，支付的价款为 325 万元(其中包括已宣告但尚未发放的现金股利 2 元/股)，另支付交易税费 5 万元，则该公司取得该项金融资产的入账价值为(　　)万元。

A. 300　　B. 305　　C. 315　　D. 310

6. 2024 年 1 月 1 日，某公司购入 A 公司的股票 1 万股，支付的价款为 20 万元(其中包括已宣告但尚未发放的现金股利 1 元/股)，另支付交易税费 5 万元，该项金融资产属于其他业务模式，则该项金融资产的入账价值为(　　)万元。

B. 企业内部研究开发项目研究阶段的支出

C. 摊销无形资产成本

D. 企业内部研究开发项目开发阶段的支出不满足“无形资产确认条件”

28. 关于无形资产处置，下列说法中正确的有(　　)。

A. 企业出售无形资产，应当将取得的价款与该无形资产账面价值的差额计入当期损益

B. 企业出售无形资产，应当将取得的价款与该无形资产账面余额的差额计入当期损益

C. 无形资产预期不能为企业带来经济利益的，应当将该无形资产的账面价值予以转销

D. 无形资产预期不能为企业带来经济利益的，也应按原预定方法和使用寿命摊销

29. 企业发生的下列支出，应于发生时计入当期损益的有(　　)。

A. 不符合资本化条件的开发阶段的支出

B. 符合资本化条件的开发阶段的支出

C. 企业内部研究开发项目研究阶段的支出

D. 出售无形资产，取得的价款与该无形资产账面价值之间的差额

30. 关于无形资产的摊销，下列说法中正确的有(　　)。

A. 使用寿命有限的无形资产，其应摊销金额应当在使用寿命内系统合理摊销

B. 企业摊销无形资产，应当自无形资产可供使用当月起，至不再作为无形资产确认时止

C. 无形资产的摊销方法只有直线法

D. 使用寿命有限的无形资产一定无残值

三、计算分录题

31. 2021 年 1 月 1 日，甲企业外购 A 无形资产，实际支付的价款为 100 万元。该无形资产自可供使用时起至不再作为无形资产确认时止的年限为 5 年。2022 年 12 月 31 日，由于与 A 无形资产相关的经济因素发生不利变化，致使 A 无形资产发生价值减值。甲企业估计其可收回金额为 18 万元。

2024 年 12 月 31 日，甲企业发现，导致 A 无形资产在 2022 年发生减值损失的不利经济因素已全部消失，且此时估计 A 无形资产的可收回金额为 22 万元。假定不考虑所得税及其他相关税费的影响。

要求：

(1) 编制 2021 年 1 月 1 日购入无形资产的会计分录。

(2) 计算 2021 年摊销金额并编制会计分录。

(3) 计提 2022 年该无形资产减值准备。

(4) 计算 2024 年摊销金额并编制会计分录。

(假定无形资产按年摊销，答案中的金额以万元为单位)

二、多项选择题

21. 下列可以确认为无形资产的有(　　)。

A. 自创商誉

B. 购买的版权

C. 有偿取得特许经营权

D. 自行研发非专利技术且符合资本化要求

22. 关于无形资产的初始计量，下列说法中正确的有(　　)。

A. 外购的无形资产，其成本包括购买价款、相关税费以及直接归属于使该项资产达到预定用途所发生的其他支出

B. 购入无形资产超过正常信用条件延期支付价款，实质上具有融资性质的，应按所购无形资产购买价款总额入账

C. 投资者投入的无形资产的成本，应当按照投资合同或协议约定的价值确定，但合同或协议约定价值不公允的除外

D. 企业取得的土地使用权应作为无形资产核算，一般情况下，当土地使用权用于自行开发建造厂房等地上建筑物时，相关的土地使用权账面价值不转入在建工程成本

23. 下列各项中，关于无形资产摊销会计处理的表述，正确的有(　　)。

A. 使用寿命有限的无形资产应当自可供使用的下月开始摊销

B. 无形资产的摊销均计入管理费用

C. 使用寿命不确定的无形资产不应摊销

D. 出租无形资产摊销额应计入其他业务成本

24. 下列关于自行研发无形资产的确认，正确的有(　　)。

A. 无法区分研究阶段和开发阶段的支出，应当在发生时全部计入营业外支出

B. 无法区分研究阶段和开发阶段的支出，应当在发生时全部计入管理费用

C. 期末资产负债表"开发支出"项目反映无形资产开发过程符合资本化条件的支出

D. 无形资产研究阶段的支出应该确认为当期管理费用

25. 企业确定无形资产的使用寿命通常应当考虑的因素有(　　)。

A. 以该资产生产的产品(或服务)的市场需求情况

B. 技术、工艺等方面的现阶段情况及对未来发展趋势的估计

C. 该资产通常的产品寿命周期、可获得的类似资产使用寿命的信息

D. 现在或潜在的竞争者预期采取的行动

26. 下列有关无形资产使用权转让的会计处理中，正确的有(　　)。

A. 取得的收入应计入营业外收入

B. 取得的收入应计入其他业务收入

C. 发生的支出应计入其他业务成本

D. 转让使用权后的无形资产应继续摊销计入其他业务成本

27. 下列各项中，不会引起无形资产账面价值发生增减变动的有(　　)。

A. 对无形资产计提减值准备

学号：________ 班级：________ 姓名：________

密 封 线 内 不 要 答 题

无形资产专项练习题

一、单项选择题

1. 按照会计准则规定，下列各项中，股份有限公司应作为无形资产入账的是(　　)。

A. 开办费

B. 广告费

C. 为获得土地使用权支付的土地出让金

D. 开发新技术过程中发生的研究费

2. 按照现行会计准则规定，下列各项中，符合无形资产确认条件的是(　　)。

A. 与该资产有关的经济利益可能流入企业并且该无形资产的成本能够可靠地计量

B. 与该资产有关的经济利益很可能流入企业并且该无形资产的成本能够可靠地计量

C. 与该资产有关的经济利益可能流入企业但该无形资产的成本不能够可靠地计量

D. 与该资产有关的经济利益很可能流入企业但该无形资产的成本不能够可靠地计量

3. 某企业研发一项新技术，开始并无成功把握，该企业在此项研究过程中发生研究费用70 000元。研究成功后申请获得专利权，在申请专利的过程中发生的专利登记费30 000元，律师费8 000元。该项专利权的入账价值为(　　)元。

A. 48 000　　B. 120 000　　C. 108 000　　D. 38 000

4. 企业进行研究与开发无形资产过程中发生的各项支出，发生时应借记的会计科目是(　　)。

A. 研发支出　　B. 管理费用　　C. 无形资产　　D. 销售费用

5. 关于无形资产的后续计量，下列说法中正确的是(　　)。

A. 使用寿命不确定的无形资产应该按系统合理的方法摊销

B. 使用寿命不确定的无形资产，其应摊销金额应按10年采用直线法摊销

C. 企业无形资产摊销方法，应当反映与该项无形资产有关的经济利益的预期实现方式

D. 无形资产的摊销方法只有直线法

6. 某企业于2022年1月1日购入一项专利权，实际支付款项200万元，按10年的预计使用寿命采用直线法摊销。2023年年末，该无形资产的可收回金额为120万元，2024年1月1日，对无形资产的使用寿命和摊销方法进行复核，该无形资产的尚可使用寿命为4年，摊销方法仍采用直线法。该专利权2024年应摊销的金额为(　　)万元。

A. 15　　B. 30　　C. 20　　D. 40

7. 某企业出售一项3年前取得的专利权，该专利取得时的成本为20万元，按10年采用直线法摊销，出售时取得收入40万元，不考虑城市维护建设税和教育费附加，则出售该项专利时影响当期的损益为(　　)万元。

A. 24　　B. 26　　C. 15　　D. 16

34. 甲公司为增值税一般纳税人，出租和出售投资性房地产适用的增值税税率为9%，公司按净利润10%提取盈余公积，2020年至2024年发生以下交易或事项：

(1) 2020年12月16日，甲公司购入一栋写字楼，购入成本为4 880万元，取得增值税专用发票，价款已通过银行存款支付。同日与乙公司签订了一项租赁协议，将该写字楼出租给乙公司，租赁期为3年，租赁期开始日为2020年12月31日，年租金为960万元，于每年年初收取。

(2) 2021年1月1日，预收当年租金981万元(含税，纳税义务已发生)，款项已收存银行。甲公司按月确认租金收入。甲公司对该写字楼采用成本模式进行后续计量，预计尚可使用年限为40年，预计净残值为80万元，采用年限平均法按月计提折旧。

(3) 2022年12月31日，甲公司考虑到所在城市存在活跃的房地产市场，并且能够合理估计该写字楼的公允价值，为提供更相关的会计信息，将投资性房地产的后续计量从成本模式转换为公允价值模式，当日该写字楼的公允价值为4 704万元。

(4) 2023年12月31日，该写字楼的公允价值为4 304万元。

(5) 2024年1月1日，租赁合同到期，甲公司为解决资金周转困难，将该写字楼出售给丙企业，价款为4 300万元(不含税)，款项已收存银行。

要求：

(1) 编制甲公司2020年12月16日购入写字楼的会计分录。

(2) 编制甲公司2021年1月1日收取租金、1月31日确认租金收入和结转成本的会计分录。

(3) 编制甲公司2022年12月31日转换计量模式的会计分录。

(4) 编制甲公司2023年12月31日公允价值变动的会计分录。

(5) 编制甲公司2024年1月1日处置该投资性房地产时的相关会计分录。

三、计算分析题

31. 甲公司于2023年6月购入一栋建筑物用于出租，支付价款共计1 090万元(其中包含增值税90万元，取得了增值税专用发票)，另支付其他相关税费50万元，自取得之日起对外经营租赁，甲公司对该建筑物采用成本模式进行后续计量，预计使用寿命20年，预计净残值为50万元，采用年限平均法计提折旧。2023年取得租金收入100万元。

要求：

(1) 投资性房地产的后续计量模式有哪些？模式之间可以随意相互转换吗，为什么？

(2) 计算该投资性房地产的入账价值。

(3) 计算该投资性房地产2023年的折旧额。

(4) 投资性房地产的租金收入和折旧应分别记入什么科目？

四、综合业务题

32. 甲公司采用成本模式对投资性房地产进行后续计量，有关投资性房地产相关资料如下：

(1) 2020年12月24日，甲公司与乙公司签订经营租赁合同，甲公司将一栋自用办公楼整体出租给乙公司，租期为3年，年租金为80万元(不含增值税)，每年年末支付。2020年

23. 下列关于采用公允价值模式进行后续计量的投资性房地产会计处理的表述中，正确的有(　　)。

A. 不计提折旧或摊销　　B. 公允价值变动的金额计入当期损益

C. 不计提减值准备　　D. 投资性房地产按公允价值列报

24. 下列事项中，影响企业营业利润的有(　　)。

A. 投资性房地产取得的租金收入　　B. 购入投资性房地产支付的相关税费

C. 对投资性房地产计提折旧　　D. 对投资性房地产计提的减值准备

25. 企业将自用房地产转换为以公允价值模式计量的投资性房地产，转换日公允价值与账面价值的差额可能影响的财务报表项目有(　　)。

A. 资本公积　　B. 其他综合收益

C. 公允价值变动损益　　D. 投资收益

26. 关于投资性房地产改扩建后仍作为投资性房地产的，下列说法中不正确的有(　　)。

A. 改扩建期间应计提折旧

B. 改扩建期间仍应作为投资性房地产

C. 改扩建达到预定可使用状态时由在建工程转入固定资产

D. 应将改扩建时投资性房地产的账面价值转入在建工程

27. 关于投资性房地产的会计处理，下列表述中正确的有(　　)。

A. 后续计量由成本模式转为公允价值模式的，应当作为会计估计变更处理

B. 已采用公允价值模式计量的投资性房地产，不得转为成本模式计量

C. 采用公允价值模式计量的投资性房地产转换为自用房地产时，应当以其转换当日的公允价值作为自用房地产的入账价值

D. 同一企业只能采用一种模式对所有投资性房地产进行后续计量，不得同时采用两种计量模式

28. 下列有关投资性房地产后续计量会计处理的表述中，正确的有(　　)。

A. 不同企业可采用成本模式或公允价值模式

B. 满足特定条件时可以采用公允价值模式

C. 同一企业可以分别采用成本模式和公允价值模式

D. 同一企业不得同时采用成本模式和公允价值模式

29. 下列各项关于投资性房地产计提折旧或摊销的表述中，正确的有(　　)。

A. 成本模式计量下当月增加的房屋当月不计提折旧，下月开始计提折旧

B. 成本模式计量下当月增加的投资性房地产当月计提折旧或摊销

C. 成本模式计量下当月增加的土地使用权当月不进行摊销，下月开始计提摊销

D. 公允价值模式计量下的投资性房地产不计提折旧或摊销

30. 处置采用公允价值模式计量的投资性房地产时，下列说法不正确的有(　　)。

A. 应按累计公允价值变动金额，将公允价值变动损益转入其他业务成本

B. 实际收到的金额应计入其他业务收入

C. 实际收到的金额与该投资性房地产账面价值之间的差额，应计入投资收益

D. 对于投资性房地产的累计公允价值变动金额，在处置时不需要进行会计处理

学号：________ 班级：________ 姓名：________

密 封 线 内 不 要 答 题

投资性房地产专项练习题

一、单项选择题

1. 下列各项中，属于企业投资性房地产的是(　　)。

A. 企业拥有并自行经营的旅馆　　B. 房地产开发企业用于出售的楼盘

C. 企业已出租的办公楼　　D. 企业持有拟增值后转让的建筑物

2. 关于采用成本模式计量的投资性房地产，下列说法正确的是(　　)。

A. 租金收入记入“其他业务收入”

B. 期末的公允价值变动应记入“公允价值变动损益”

C. 折旧或摊销金额应记入“销售费用”

D. 一旦确定采用成本模式，则不能再转换为公允价值模式进行后续计量

3. 下列不属于投资性房地产的是(　　)。

A. 企业已出租的建筑物

B. 企业为经营管理而持有的房地产

C. 企业已出租的土地使用权

D. 企业持有并准备增值后转让的土地使用权

4. 采用公允价值模式进行后续计量的投资性房地产转换为自用房地产时，转换日自用房地产入账价值小于投资性房地产账面价值的差额，应计入(　　)。

A. 其他综合收益　　B. 留存收益

C. 公允价值变动损益　　D. 营业外收入

5. 甲公司对投资性房地产采用成本模式计量。2024 年 1 月 1 日，将自用的一栋写字楼用于出租。该写字楼的账面余额为 260 万元，已计提折旧 20 万元。则转换日投资性房地产的入账价值为(　　)万元。

A. 240　　B. 180　　C. 260　　D. 200

6. 下列各项中，不影响企业当期损益的是(　　)。

A. 采用成本模式计量的投资性房地产，期末可收回金额低于账面价值

B. 自用房地产转换为采用公允价值模式计量的投资性房地产时，转换日房地产的公允价值小于账面价值

C. 采用公允价值模式计量的投资性房地产，期末公允价值低于账面价值

D. 自用房地产转换为采用公允价值模式计量的投资性房地产时，转换日房地产的公允价值大于账面价值

7. 企业对投资性房地产采用成本模式计量。2024 年 6 月 20 日，该企业将达到预定可使用状态的自行建造的办公楼对外出租，该办公楼建造成本为 5 200 万元，预计使用年限为 25 年，预计净残值为 200 万元，采用年限平均法计提折旧。2024 年该办公楼应计提的折旧额为(　　)万元。

金额为 460 万元；计提减值准备后，该设备原预计使用年限、预计净残值、折旧方法保持不变。

(3) 2022 年 9 月 30 日，北方公司因生产经营方向调整，决定采用出包方式对该设备进行改良，改良工程验收合格后支付工程价款。该设备于当日停止使用，开始进行改良。

(4) 2023 年 3 月 15 日，改良工程完工并验收合格，北方公司以银行存款支付工程总价款 62.5 万元。当日，改良后的设备投入使用，预计尚可使用年限 8 年，采用直线法计提折旧，预计净残值为 5 万元。改良后该设备的可收回金额为 500 万元。2023 年 12 月 31 日，该设备未发生减值。

(5) 2024 年 10 月 10 日，该设备因遭受自然灾害发生严重毁损，北方公司决定进行处置，取得残料变价收入 10 万元、保险公司赔偿款 30 万元，发生清理费用 5 万元；款项均以银行存款收付，不考虑其他相关税费。

要求：

(1) 编制 2020 年 10 月 10 日取得该设备的会计分录。

(2) 编制设备安装及设备达到预定可使用状态的会计分录。

(3) 计算 2021 年度该设备计提的折旧额，并编制相应的会计分录。

(4) 计算 2021 年 12 月 31 日该设备计提的固定资产减值准备，并编制相应的会计分录。

(5) 计算 2022 年度该设备计提的折旧额，并编制相应的会计分录。

(6) 编制 2022 年 9 月 30 日该设备转入改良时的会计分录。

(7) 编制 2023 年 3 月 15 日支付该设备改良价款、结转改良后设备成本的会计分录。

(8) 计算 2024 年度该设备计提的折旧额。

(9) 计算 2024 年 10 月 10 日处置该设备实现的净损益。

(10) 编制 2024 年 10 月 10 日处置该设备的会计分录。

(答案中的金额以万元为单位)

(3) 3 月 10 日，购建厂房发生的管理费、征地费、临时设施费、公证费、监理费等 15 万元，以银行存款支付。

(4) 4 月 16 日，将生产线的设备交付建造承包商建造安装。

(5) 5 月 31 日，结算厂房工程款项，差额以银行存款支付。

(6) 5 月 31 日，生产线进行负荷联合试车发生的费用为 10 万元，试车形成的副产品对外销售价款 5 万元，开出的增值税专用发票注明税额 6 500 元，均通过银行存款结算。

(7) 6 月 1 日，厂房、生产线达到预定可以使用状态，并交付使用。

要求：

(1) 编制 1 月 10 日，预付厂房工程款的会计分录。

(2) 编制 2 月 10 日购入生产线设备的会计分录。

(3) 编制 3 月 10 日支付管理费、征地费、临时设施费、公证费、监理费等的会计分录。

(4) 编制 4 月 16 日将生产线的设备交付建造承包商建造安装的会计分录。

(5) 编制 5 月 31 日结算工程款项的会计分录。

(6) 编制 5 月 31 日生产线进行负荷联合试车的会计分录。

(7) 编制厂房和生产线达到预定可使用状态的会计分录。

33. 甲公司为增值税一般纳税人，适用增值税税率为 13%。2019 年 2 月购入一台设备，价款 380 万元，增值税 49.4 万元；运杂费 4.6 万元，增值税 0.414 万元，立即投入安装。安装中领用工程物资 22.40 万元；领用原材料的实际成本为 5 万元；领用库存商品(应税消费品)的实际成本为 18 万元，市场售价 20 万元(不含税)，消费税税率 10%。安装完毕投入使用，该设备预计使用 5 年，预计净残值为 20 万元。

要求：

(1) 计算安装完毕投入使用的固定资产成本。

(2) 假定 2019 年 4 月 10 日安装完毕并交付使用，采用年限平均法计算 2019 年、2020 年和 2024 年年折旧额。

(3) 假定 2019 年 9 月 10 日安装完毕并交付使用，采用年数总和法计算 2019 年、2020 年

B. 本月因债务重组而转让的厂房

C. 本月购入不需要安装的设备

D. 本月预期发生减值的使用中的生产设备

30. 下列属于加速折旧法的是(　　)。

A. 年限平均法　　B. 工作量法　　C. 双倍余额递减法　　D. 年数总和法

三、计算分录题

31. 甲公司为增值税一般纳税企业，2024 年 8 月 3 日，购入一台需要安装的生产用机器设备，取得的增值税专用发票上注明的设备价款为 3 900 万元，增值税进项税额为 507 万元，支付的运输费为 37.06 万元(含税)并取得增值税专用发票，款项已通过银行支付；安装设备时，领用本公司原材料一批，价值 363 万元，购进该批原材料时支付的增值税进项税额为 47.19 万元；领用本公司所生产的产品一批，成本为 480 万元，计税价格 500 万元，增值税税率 13%，消费税税率 10%，应付安装工人的职工薪酬为 72 万元；假定不考虑其他相关税费。2024 年 10 月 8 日达到预定可使用状态，预计使用年限为 10 年，净残值为 2 万元，采用双倍余额递减法计算年折旧额。

要求：

(1) 编制 2024 年 8 月 3 日购入机器设备的会计分录。

(2) 编制安装设备的会计分录。

(3) 编制 2024 年 10 月 8 日机器设备达到预定可使用状态的会计分录。

(4) 计算该机器设备 2024 年应计提的折旧额并编制会计分录。

32. 2024 年 1 月，念念公司开始购建一个生产车间，包括厂房和一条生产线两个单项工程，厂房价款为 130 万元、生产线安装费用 50 万元，均取得增值税专用发票。2024 年采用出包方式出包给甲公司，有关资料如下：

(1) 1 月 10 日，预付甲公司厂房工程款 100 万元。

(2) 2 月 10 日，购入生产线各种设备，价款为 500 万元，增值税为 65 万元，款已支付。

固定资产专项练习题

一、单项选择题

1. A 企业 2020 年 12 月购入一项固定资产，原价为 600 万元，采用年限平均法计提折旧，使用寿命为 10 年，预计净残值为零，2024 年 1 月该企业对该项固定资产的某一主要部件进行更换，发生支出合计 400 万元，符合固定资产确认条件，被更换的部件的原价为 300 万元。则该项固定资产进行更换后的原价为(　　)万元。

A. 210　　B. 1 000　　C. 820　　D. 610

2. 甲公司对生产线进行改扩建。该生产线原价为 1 200 万元，已提取折旧 300 万元，扩建生产线时发生扩建支出 120 万元，同时在扩建时处理部分配件，其账面价值为 10 万元，发生变价收入 12 万元，扩建支出符合资本化确定条件，则该生产线入账价值应为(　　)万元。

A. 998　　B. 1 010　　C. 1 310　　D. 1 298

3. A 公司 2023 年 6 月 19 日购入一台设备，取得的增值税专用发票上注明的设备买价为 180 万元，增值税为 23.4 万元，支付的运输费为 1 万元，预计净残值为 1.6 万元，预计使用年限为 6 年，在采用年数总和法计提折旧的情况下，该设备 2024 年应提取折旧额为(　　)万元。

A. 65　　B. 46.99　　C. 55　　D. 50

4. 自然灾害等原因造成的在建工程报废或毁损，减去残料价值和过失人或保险公司等赔款后的净损失，应借记的会计科目是(　　)。

A. 在建工程　　B. 待处理财产损溢　　C. 营业外支出　　D. 固定资产清理

5. 企业生产车间使用的固定资产发生的下列支出中，直接计入当期损益的是(　　)。

A. 购入时发生的安装费用　　B. 发生的装修费用

C. 购入时发生的运杂费　　D. 发生的修理费

6. 购入固定资产超过正常信用条件延期支付价款(如分期付款购买固定资产)，实质上具有融资性质的，应按所购固定资产购买价款的现值，借记“固定资产”或“在建工程”科目，按应支付的金额，贷记“长期应付款”科目，按其差额，借记的会计科目是(　　)。

A. 未确认融资费用　　B. 财务费用

C. 递延收益　　D. 营业外支出

7. 2024 年 12 月 31 日 A 公司进行盘点，发现有一台使用中的机器设备未入账，该型号机器设备存在活跃市场，市场价格为 750 万元，该机器八成新。其正确的会计处理方法是(　　)。

A. 贷记“待处理财产损溢”科目 750 万元

B. 贷记“待处理财产损溢”科目 1 350 万元

C. 贷记“待处理财产损溢”科目 600 万元

D. 贷记“以前年度损益调整”科目 600 万元

8. A 公司的一台机器设备采用工作量法计提折旧。原价为 153 万元，预计生产产品产量为 450 万件，预计净残值率为 3%，本月生产产品 7.65 万件。则该台机器设备的月折旧额为(　)万元。

四、综合业务题

23. 甲企业是增值税一般纳税人，适用的增值税税率为13%。2023年年末对库存材料进行盘点，盘点情况如下表所示。

存货盘点盈/亏报告表

2023年12月31日　　　　单位：元

编号	品名	计量单位	数量		实际单价	盘盈		盘亏		备注
			账存	实存		数量	金额	数量	金额	
1	不锈钢	千克	800	830	15	30	450			计量误差
2	铸铁	千克	1 000	980	3.5			20	70	管理不善
3	铝材	立方米	5	0	600			5	3 000	自然灾害损失，保险公司赔偿2 700元
合计							450		3 070	
审批意见			按财务制度处理。 主管领导：张某某 2023年12月31日							

要求：根据上述资料编制相关会计分录。

22. 甲股份有限公司(以下称为“甲公司”)是一家生产电子产品的上市公司，为增值税一般纳税人，适用的所得税税率为25%。2023年12月31日，甲公司期末存货有关资料如下：

存货品种	数量(台)	单位成本(万元)	账面余额(万元)	备注
A产品	280	10	2 800	
B产品	500	3	1 500	
C产品	1 000	1.7	1 700	
D配件	400	1.5	600	用于生产C产品
合计	—	—	6 600	

(1) A产品市场销售价格为每台13万元，预计销售费用及税金为每台0.5万元。

(2) B产品市场销售价格为每台3万元。甲公司已经与某企业签订一份不可撤销的销售合同，约定在2024年2月10日向该企业销售B产品300台，合同价格为每台3.2万元。B产品预计销售费用及税金为每台0.2万元。

(3) C产品市场销售价格为每台2万元，预计销售费用及税金为每台0.15万元。

(4) D配件的市场销售价格为每件1.2万元。现有D配件可用于生产400台C产品，预计加工成C产品还需每台投入成本0.25万元。

2022年12月31日C产品的存货跌价准备余额为150万元，对其他存货未计提存货跌价准备；2023年销售C产品结转存货跌价准备100万元。甲公司按单项存货、按年计提跌价准备。

要求：计算甲公司2023年12月31日应计提或转回的存货跌价准备，并编制相关的会计分录。

存货——期末计量专项练习题

一、单项选择题

1. 下列原材料相关损失项目中，应计入营业外支出的是(　　)。

A. 计量差错引起的原材料盘亏　　B. 自然灾害造成的原材料损失

C. 原材料运输途中的合理损耗　　D. 人为责任造成的原材料损失

2. 某企业 2024 年 8 月 31 日库存甲材料的实际成本为 100 万元，加工至 A 产品估计还将发生成本 20 万元，估计销售费用和相关税费为 2 万元，估计 A 产品的售价为 110 万元。甲材料月初“存货跌价准备”余额为 0，2024 年 8 月 31 日应计提的存货跌价准备为(　　)万元。

A. −10　　B. 0　　C. 10　　D. 12

3. 属于定额内损耗的材料盘亏，经批准后可转作(　　)。

A. 管理费用　　B. 生产成本　　C. 营业外支出　　D. 其他应收款

4. 2023 年 9 月 3 日，新世纪公司与希望公司签订了一份不可撤销的销售合同，双方约定，2024 年 1 月 20 日，新世纪公司应按每台 62 万元的价格向希望公司提供甲产品 6 台。2023 年 12 月 31 日，新世纪公司甲产品的成本为 280 万元，数量 5 台，单位成本 56 万元。2023 年 12 月 31 日，甲产品的市场销售价格为每台 60 万元。销售 5 台甲产品预计发生销售费用及税金为 10 万元。2023 年 12 月 31 日，新世纪公司结存的 5 台甲产品的账面价值是(　　)万元。

A. 300　　B. 290　　C. 280　　D. 270

5. 甲公司因保管不善导致一批原材料毁损，成本 10 000 元，进项税额 1 300 元，收到仓库员赔款 2 000 元，材料变价收入 200 元，经批准后应计入管理费用的金额是(　　)元。

A. 7 800　　B. 9 100　　C. 11 300　　D. 13 500

6. 某企业采用成本与可变现净值孰低法的个别比较法确定期末存货的价值。期初“存货跌价准备”科目的余额为 4 400 元。假设 2023 年 12 月 31 日三种存货的成本和可变现净值分别为：A 存货成本 30 000 元，可变现净值 30 000 元；B 存货成本 15 000 元，可变现净值 14 000 元；C 存货成本 50 000 元，可变现净值 48 000 元。该企业 12 月 31 日记入“资产减值损失”科目的金额为(　　)元。

A. 借方 3 000　　B. 借方 1 400　　C. 贷方 1 400　　D. 贷方 3 000

7. 某公司从 2015 年年末开始于中期期末和年末计提存货跌价准备，甲材料资料如下：

时间	账面成本(万元)	可变现净值(万元)
2015 年年末	50	45
2016 年 6 月末	60	50
2017 年年末	40	42

公司计提跌价准备对 2017 年利润的影响额为(　　)万元。

36. 某零售企业为增值税一般纳税人，“库存商品—生鲜柜”账户的期初余额为 18 000 元，本月发生如下业务：

(1) 累计购进商品的进价为 80 000 元，专用发票上注明的增值税为 10 400 元，款项已支付。

(2) 发生销售收入 101 700 元(含税)，款项已送存银行。

(3) 月末盘点期末结存商品进价总额为 17 820 元。

要求：

(1) 做出商品购入、销售的会计处理。

(2) 计算发出商品成本并结转。

(3) 计算并结转增值税。

(4) 若企业为小规模纳税人，请做出相应会计处理。

续表

项目			供电车间	机修车间	合计
单位成本(分配率)					
基本生产	第一车间	耗用数量			
		分配金额(元)			
	第二车间	耗用数量			
		分配金额(元)			
制造费用	第一车间	耗用数量			
		分配金额(元)			
	第二车间	耗用数量			
		分配金额(元)			
管理费用		耗用数量			
		分配金额(元)			
合计					

(2) 采用交互分配法分配辅助生产费用。

辅助生产费用分配表(交互分配法)

项目			供电车间			机修车间			合计
			数量	分配率	分配金额(元)	数量	分配率	分配金额(元)	
待分配辅助生产费用									
交互分配	供电车间								
	机修车间								
对外分配辅助生产费用									
对外分配	基本生产	第一车间							
		第二车间							
	制造费用	第一车间							
		第二车间							
	管理费用								
合计									

率法对库存商品计价。季度内前两个月的毛利率根据上季度实际毛利率确定。该公司A类商品在2024年第一、二季度的有关资料如下：

(1) 第一季度累计销售收入为800万元，销售成本为600万元，季末库存商品实际成本为600万元。

(2) 第二季度购进A类商品成本为1 080万元。

(3) 4月份实现销售收入300万元，5月份实现销售收入500万元，6月份按一定方法计算的期末库存商品实际成本为780万元。

要求：

(1) 计算第一季度毛利率。

(2) 计算并结转A类商品第二季度各月销售成本。

(金额以万元为单位)

32. 某企业有供电和机修两个辅助生产车间，本月辅助生产成本明细账表明：供电车间发生费用为7 040元，机修车间发生费用为6 720元。供电车间和机修车间之间相互提供产品和劳务。两车间本月提供产品和劳务量见下表：

两车间本月提供产品和劳务量表

项目		用电度数(度)	修理工时(小时)
第一车间	产品耗用	18 500	
	一般耗用	1 500	1 800
第二车间	产品耗用	17 000	
	一般耗用	1 000	2 100
管理部门		2 000	100
供电车间			200
机修车间		4 000	
合计		44 000	4200

要求：(1) 采用直接分配法分配辅助生产费用。

辅助生产费用分配表(直接分配法)

项目	供电车间	机修车间	合计
待分配辅助生产费用(元)			
供应辅助生产以外的劳务数量			

学号：________ 班级：________ 姓名：________

密 封 线 内 不 要 答 题

存货——库存商品专项练习题

一、单项选择题

1. 某企业存货的日常核算采用毛利率法计算存货成本。该企业2024年1月实际毛利率为30%，2月1日的存货成本为1 200万元，2月份购入存货成本为2 800万元，销售收入为2 700万元。该企业2月末存货成本为(　　)万元。

A. 1 300　　B. 1 900　　C. 2 110　　D. 2 200

2. 某商品流通企业(增值税一般纳税人)采购甲商品100件，每件售价2万元，取得的增值税专用发票上注明的增值税为26万元，另支付采购费用10万元(金额较大)。该企业采购的该批商品的单位成本是(　　)万元。

A. 2　　B. 2.1　　C. 2.34　　D. 2.44

3. 2024年9月1日，甲公司在产品成本为60万元，9月生产领用原材料25万元，确认生产车间工人工资13万元，制造费用7万元，管理费用22万元，财务费用5万元，月末在产品成本15万元。本月完工入库500件产品，则甲公司9月完工产品单位成本为(　　)万元。

A. 0.06　　B. 0.18　　C. 0.21　　D. 0.23

4. 下列各项不属于企业库存商品的是(　　)。

A. 外购商品

B. 发出展览的商品

C. 接受来料加工的代制品

D. 已完成销售手续但购买方暂未提取的商品

5. 企业因生产产品、提供劳务而发生的各项间接费用，包括工资、福利费、折旧费等，属于(　　)成本项目。

A. 管理费用　　B. 制造费用　　C. 直接人工　　D. 直接材料

6. 某商业企业采用售价金额核算法对库存商品进行核算。本月月初存货成本为20 000元，售价总额为30 000元；本月购入存货成本为100 000元，售价总额为120 000元；本月销售收入为100 000元。该企业本月销售成本为(　　)元。

A. 30 000　　B. 40 000　　C. 80 000　　D. 96 667

7. 某商场采用毛利率法对商品的发出和结存进行日常核算。2024年7月，甲类商品期初库存余额为15万元。该类商品本月购进成本为20万元，本月销售收入为25万元，本月销售折让为1万元。上月该类商品按扣除销售折让后计算的毛利率为20%。假定不考虑相关税费，2024年7月该类商品月末库存成本为(　　)万元。

A. 10　　B. 15.8　　C. 15　　D. 19.2

8. 某商业企业采用售价金额核算法计算期末存货成本。本月月初库存商品进价成本为60 000元，售价总额为90 000元；本月购进商品进价成本为80 000元，售价总额为110 000元；本月销售商品的售价总额为150 000元。该企业本月售出商品应分摊的进销差价为(　　)元。

A. 35 000　　B. 40 000　　C. 45 000　　D. 50 000

(9) 月末汇总本月收料凭证，结转本月材料成本差异。

(10) 月末汇总本月发料凭证，本月共发出甲材料 5 000 公斤，4 000 公斤用于产品生产，1 000 公斤为车间一般耗用；发出乙材料 3 000 公斤，2 500 公斤用于产品生产，300 公斤为辅助生产车间领用，100 公斤为管理部门领用，100 公斤为工程领用。

要求：根据上述业务编制相关的会计分录；计算本月材料成本差异率，本月发出材料应负担的成本差异及月末库存材料的实际成本。(月末统一结转入库材料成本差异)

37. 某企业周转材料采用计划成本进行日常核算，低值易耗品和出租的包装物采用五五摊销法进行摊销。包装物成本差异率为 2%，低值易耗品成本差异率为 5%。该企业当月领用包装物用于出租，计划成本 1 800 元，当月取得的包装物租金收入 1 200 元尚未收到，纳税义务已发生。当月车间领用低值易耗品一批，其计划成本 3 200 元，当月报废在用管理用具一批，其计划成本 1 400 元，收回残料计价 80 元。

要求：根据上述经济业务编制相关的会计分录。

33. 某企业生产甲、乙两种产品，耗用C材料2 100千克，单价18元/千克；耗用D材料4 000千克，单价68.5元/千克。本月投产甲产品50件，乙产品150件。甲产品的消耗定额为：C材料8千克/件，D材料15千克/件。乙产品的消耗定额为：C材料12千克/件，D材料20千克/件。C、D两种材料的计划单价分别为20元/千克和50元/千克。

要求：采用产品材料定额成本的比例分配甲、乙产品应负担的材料费用。(分配率保留4位小数，金额保留2位小数)

四、综合业务题

34. 某企业为增值税一般纳税人，材料按实际成本核算。该企业2024年7月份发生经济业务如下：

(1) 1日，向丙企业采购B材料，买价共计30 000元，增值税3 900元，款项33 900元用银行本票存款支付，材料已验收入库。

三、计算分析题

31. 甲公司某存货收入、发出资料如下：

单位：元

2024年		摘要	收入			发出			结存		
月	日		数量	单价	金额	数量	单价	金额	数量	单价	金额
	1	结存							400	5	2 000
	8	购入	1 000	5.5	5 500						
	12	发出				1 000					
	20	购入	800	5.8	4 640						
	25	发出				900					
		合计	1 800		10 140	1 900					

要求：分别采用先进先出法、加权平均法、移动加权平均法计算各次发出成本和月末结存成本。

32. 甲企业委托乙企业加工用于连续生产的应税消费品。甲、乙两企业均为增值税一般纳税人，适用的增值税税率为13%，消费税税率为10%，运费的税率为9%。甲企业对材料采用计划成本法进行核算。有关资料如下：

(1) 甲企业发出材料一批，计划成本为200 000元，材料成本差异率为-2%。

(2) 按合同规定，甲企业用银行存款支付乙企业加工费12 430元(含增值税和消费税)。

(3) 甲企业用银行存款支付往返运杂费872元(含增值税)。

(4) 甲企业委托乙企业加工完成后的材料计划成本为210 000元，该批材料已验收入库。

要求：

(1) 计算拨付加工原材料的实际成本为多少。

(2) 计算甲企业支付的不含税加工费和运费分别是多少。

(3) 计算受托方代收代缴的消费税是多少。

(4) 计算甲企业收回加工完成的材料的实际成本是多少。(所有计算均写出计算过程)

(5) 编制甲企业委托加工材料发出、支付有关税费和入库有关的会计分录。(“应交税费”账户需列出明细账，增值税需列出专栏)

存货——原材料专项练习题

一、单项选择题

1. 下列各种物资中，不应作为企业存货核算的是(　　)。

A. 包装物　　B. 低值易耗品　　C. 在途物资　　D. 工程物资

2. 下列各项与存货相关的费用中，不应计入存货成本的是(　　)。

A. 材料采购过程中发生的保险费　　B. 材料入库前发生的挑选整理费

C. 库存商品入库后发生的储存费用　　D. 材料采购过程中发生的装卸费

3. 某企业为增值税一般纳税人，2024 年 4 月购入 A 材料 1 000 公斤，增值税专用发票上注明价款 30 000 元，增值税 3 900 元，该批材料在运输途中发生 1%的合理损耗，实际验收入库 990 公斤，入库前发生挑选整理费用 300 元。该批入库 A 材料的实际总成本为(　　)元。

A. 29 700　　B. 29 997　　C. 30 300　　D. 35 400

4. 某增值税一般纳税人企业购进农产品一批，支付价款 100 000 元，另发生保险费 5 000 元，装卸费 7 000 元。该批农副产品用于生产适用税率为 13%的产品，其采购成本为(　　)元。

A. 112 000　　B. 99 000　　C. 100 000　　D. 102 000

5. 某企业原材料按实际成本进行日常核算。2024 年 3 月 1 日结存甲材料 300 公斤，每公斤实际成本为 20 元；3 月 15 日购入甲材料 280 公斤，每公斤实际成本为 25 元；3 月 31 日发出甲材料 200 公斤。如按先进先出法计算 3 月份发出甲材料的实际成本为(　　)元。

A. 400　　B. 500　　C. 4 000　　D. 1 400

6. 在物价不断上涨时期，一个企业若要使会计报表中的净收益最高，可以采用的计价方法是(　　)。

A. 加权平均法　　B. 先进先出法　　C. 移动加权平均法　　D. 个别计价法

7. 按完工产品和月末在产品数量比例分配计算完工产品和月末在产品的原材料费用，必须具备的条件是(　　)。

A. 原材料随生产进度陆续投入　　B. 原材料在生产开始时一次投入

C. 原材料消耗定额比较准确稳定　　D. 产品成本中原材料费用比重较大

8. 某企业为增值税小规模纳税人，原材料采用计划成本法核算，A 材料计划成本每吨 20 元。本期购进 A 材料 6 000 吨，收到的增值税专用发票上注明的价款为 102 000 元、增值税 13 260 元。另发生运杂费用 1 400 元，途中保险费用 359 元。原材料运抵企业后验收入库 5 995 吨，运输途中合理损耗 5 吨。购进 A 材料发生的成本差异(超支)是(　　)元。

A. 2 881　　B. 2 981　　C. 16 141　　D. 16 241

9. 某企业 3 月 1 日存货结存数量为 200 件，单价为 4 元；3 月 2 日发出存货 150 件；3 月 5 日购进存货 200 件，单价 4.4 元；3 月 7 日发出存货 100 件。在对存货发出采用移动加权平均法的情况下，3 月 7 日结存存货的实际成本为(　　)元。

A. 648　　B. 432　　C. 1 080　　D. 1 032

33. 启航公司为增值税一般纳税人企业，在证券市场购入乙企业股票进行短期投资，将其确定为以公允价值计量且其变动计入当期损益的金融资产。2023 年年末该公司宣告发放当年现金股利 200 000 元，启航公司所占份额 5%，不考虑相关税费。业务会计做出会计处理："借：应收股利　200 000　贷：投资收益　200 000"。请问他做的处理对吗？如果错误请你写出正确的账务处理。

四、业务核算题

34. 欣欣企业 5 月 14 日销售一批商品，增值税专用发票列示价款 560 000 元，增值税税额 72 800 元，收到面值 632 800 元、期限三个月、年利率为 6%的商业汇票一张，该批商品实际成本为 350 000 元。5 月 31 日，公司将票据贴现，贴现率为 8%，贴现所得存入银行，负连带还款责任。

要求：

（1）根据经济业务做出相应的账务处理，需要计算的要写明计算过程。

（2）若到期后对方企业无力还款，本企业付清款项，如何做账务处理？

A. 代职工垫付的医疗费　　B. 代购货单位垫付的运杂费

C. 销售产品应收取的款项　　D. 对外提供服务应收取的款项

29. 下列事件中会引起应收账款账面价值发生增减变动的有(　　)。

A. 收回应收账款　　B. 计提应收账款坏账准备

C. 收回已核销的坏账　　D. 实际发生一笔坏账

30. 下列涉及计提坏账的有(　　)。

A. 应收账款　　B. 应收票据

C. 其他应收款　　D. 其他货币资金

三、计算分析题

31. 2024 年 9 月 28 日，公司销售一批商品，价款 30 000 元，增值税 5 100 元，收到一张面值为 35 100 元、期限为 6 个月、票面利率为 8%的商业承兑汇票。因需要资金周转，于次年 1 月 23 日将其向银行申请贴现，年贴现率 10%。

要求：计算该票据年末的票面价值、贴现息、贴现收入。(写明计算过程)

32. 无限公司为一家小规模纳税企业，每年的业务量较少，因此没有设置“预付账款”科目。本月应订购材料，支付预付款 30 000 元，会计王林做如下处理“借：应收账款　30 000 贷：银行存款　30 000”。请问王林做的处理对吗？如果错误应该采用哪种错账更正法？如何更正？

学号：＿＿＿＿ 班级：＿＿＿＿ 姓名：＿＿＿＿

密 封 线 内 不 要 答 题

应收及预付款项专项练习题

一、单项选择题

1. 某企业持有一张2024年2月28日签发期限为3个月的商业汇票。该商业汇票到期日为(　　)。

A. 5月28日　　B. 5月29日　　C. 5月30日　　D. 5月31日

2. 如果贴现的应收票据是不带息票据，应按实际收到的贴现金额借记“银行存款”科目，按票面金额，贷记“应收票据”科目，按其差额借记“财务费用”科目，此差额指的是(　　)。

A. 票据的利息

B. 票据的贴现息

C. 票据的贴现息与票据的利息之差

D. 票据的面额与票据的贴现息之差

3. 预付账款不多的企业，可以不设置“预付账款”科目，而将发生的预付账款记入(　　)核算。

A. “应付账款”的借方　　B. “应付账款”的贷方

C. “应收账款”的借方　　D. “应收账款”的贷方

4. 某企业年末应收账款余额为40万元，“坏账准备”科目年末结账前为借方余额1 000元，假设该企业按0.5%提取坏账准备，则年末应提取的坏账准备为(　　)元。

A. 1 000　　B. 2 500　　C. 3 000　　D. 1 500

5. 某企业年末应收账款余额为30万元，“坏账准备”科目年末结账前为贷方余额2 000元，假设该企业按5‰提取坏账准备，则年末调整时应为(　　)。

A. 冲减信用减值损失500元　　B. 增加信用减值损失500元

C. 冲减信用减值损失3 500元　　D. 增加信用减值损失3 500元

6. 某企业赊销商品一批，标价20 000元，商业折扣10%，增值税税率13%，现金折扣条件为2/10，1/20，n/30。对方企业10天内付款的概率为10%，20天内付款的概率为10%，30天内付款的概率为80%。企业销售商品时代垫运费400元，则应收账款的入账价值为(　　)元。

A. 20 340　　B. 20 000　　C. 20 740　　D. 23 400

7. 某企业于1月15日销售产品一批，应收账款为11万元，规定对方付款条件为2/10，1/20，n/30。购货单位于1月22日付款。该企业实际收到的金额为(　　)万元。(计算现金折扣时考虑增值税)

A. 11　　B. 10　　C. 10.78　　D. 8.8

8. 甲企业2024年10月1日收到A公司商业承兑汇票一张，面值为117 000元，利率为4%，期限为6个月。则2024年12月31日资产负债表上列示的“应收票据”项目金额应为(　　)元。

A. 100 000　　B. 117 000　　C. 118 170　　D. 119 340

9. 甲公司2024年3月1日销售产品一批给乙公司，价税合计为500 000元，双方约定9

(6) 3 月 30 日，企业对现金进行清查，发现短缺 600 元。原因正在调查。

(7) 3 月 30 日，发现部分短缺的现金是出纳员小华的工作失职造成的，应由其负责赔偿，金额为 300 元，另外 300 元没办法查清楚，经批准转作管理费用。

(8) 月底，企业开始与银行进行对账，银行对账单上的存款余额为 31 170 元，经核对，发现有以下未达账项：

① 3 月 29 日，企业委托银行代收款项 2 000 元，银行已入账，企业尚未收到入账通知。

② 3 月 30 日，银行代企业支付租金 630 元，尚未通知企业。

③ 3 月 30 日，企业收到深圳公司代收手续费 1 200 元，银行尚未入账。

要求：

(1) 编制相关分录。

(2) 编制“银行余额调节表”，并核对双方记账有无错误。

四、业务核算题

34. 大华公司2024年9月份发生如下业务：

(1) 销售一批商品给A企业，货款为100 000元，增值税为13 000元，收到一张商业汇票。

(2) 销售一批商品给B企业，货款为20 000元，增值税为2 600元。委托银行收款，款项已经收到。

(3) 销售一批商品给C企业，货款为10 000元，增值税为1 300元，收到一张转账支票。

(4) 归还前欠D公司的材料款50 000元。

(5) 汇往天津10 000元，开立采购专户。

(6) 在天津采购一批原材料，货款为8 000元，增值税为1 040元，多余款项转回本企业开户行，材料已验收入库。

(7) 从银行提取库存现金50 000元备发工资。

(8) 银行代为支付本季度的水电费2 000元。

要求：编制上述业务的相关分录。

35. 鑫荣企业是增值税一般纳税人，本月发生以下其他货币资金收付业务：

(1) 在外埠开立临时采购账户，委托银行将200 000元汇往采购地。

(2) 以外埠存款购进材料，料款160 000元，取得增值税专用发票，材料验收入库。

(3) 将外埠存款清户，收到银行收账通知，外埠存款余额收妥入账。

(4) 企业申请办理银行汇票，将银行存款56 000元转为银行汇票存款。

款余额调节表，在银行对账单余额栏加上了100 000元，并根据银行存款余额调节表又填写了一张记账凭证。张红的做法对吗？请你根据题目进行分析说明。

32. 李明是向荣公司的出纳，在月末进行库存现金盘点时因为生病没有参加现场盘点，会计王丽在盘点后发现现金短缺了100元，通知李明后，李明用自己的钱补上了短款，王丽觉得短款已经补上就没有再进行账务处理。请问这两位会计人员的做法有哪些不妥？该项业务是否要做账务处理？如果要做该如何处理？

33. 启航公司购买一批原材料，价款10 000元，增值税1 300元。会计人员杨从在明知企业资金不足的情况下依然开出一张支票，用于结算货款。请问杨从的做法犯了什么错误？对方企业可以对启航公司要求多少赔偿？开户银行可以对启航公司罚款多少？

学号：________ 班级：________ 姓名：________

密 封 线 内 不 要 答 题

货币资金专项练习题

一、单项选择题

1. 支票的提示付款期限为自出票日起(   )内，但中国人民银行另有规定的除外。

A. 3天 B. 5天 C. 10天 D. 15天

2. 下列项目中，不属于货币资金的是(   )。

A. 现金 B. 银行存款 C. 其他货币资金 D. 其他应收款

3. 企业在进行现金清查时，查出现金盈余，并将盈余记入“待处理财产损溢”科目。后经进一步审查，无法查明原因，经批准后，对该现金盈余正确的处理方法是(   )。

A. 将其从“待处理财产损溢”科目转入“管理费用”科目

B. 将其从“待处理财产损溢”科目转入“营业外收入”科目

C. 将其从“待处理财产损溢”科目转入“其他应付款”科目

D. 将其从“待处理财产损溢”科目转入“其他应收款”科目

4. 下列不通过“其他货币资金”核算的是(   )。

A. 存出投资款 B. 信用证存款 C. 信用卡存款 D. 备用金

5. 某企业本月银行存款余额调节表调节后的银行存款余额为346 000元，未达账项有：银行代收款项6 000元，银行代付款项2 000元。企业本月银行存款日记账余额应是(   )元。

A. 352 000 B. 340 000 C. 342 000 D. 348 000

6. 根据《企业会计制度》规定，下列各项中，属于企业货币资金的是(   )。

A. 备用金 B. 银行本票存款 C. 银行承兑汇票 D. 商业承兑汇票

7. 根据《现金管理暂行条例》规定，下列业务中，不能使用现金支付的是(   )。

A. 支付职工奖金500元 B. 支付零星办公用品购置费800元

C. 支付物资采购款1 200元 D. 支付职工差旅费2 000元

8. 下列不属于现金支付业务的原始凭证的是(   )。

A. 车船票 B. 付款凭证 C. 工资单 D. 借款收据

9. 采购人员预借差旅费，以库存现金支付，应借记(   )科目核算。

A. 库存现金 B. 管理费用 C. 其他应收款 D. 其他应付款

10. 按照现金内部控制制度的要求，下列说法不正确的是(   )。

A. 现金要实行日清月结

B. 各种现金开支要进行审批

C. 单位的库存现金可以以个人名义存入银行

D. 库存的纸币和铸币应实行分类保管

11. 根据内部控制制度的要求，出纳人员不可以(   )。

A. 登记现金日记账和银行存款日记账

B. 保管库存现金和各种有价证券

47. 某工业企业在2024年年末进行了全面的财产清查，发现以下情况：

（1）库存现金盘盈2 000元，经检查仍无法查明原因。

（2）原材料仓库C材料盘亏100斤，单价10元/斤；F材料盘盈50斤，单价20元/斤。经查明，C材料盘亏为自然灾害造成的，除保险公司赔偿的600元以外，其余的需由企业自行承担。F材料盘盈50斤为入库时计量错误。

（3）盘亏一台机器设备A，入账价值30 000元，已计提折旧10 000元，原因未明。

要求：

（1）编制相关的会计分录。

（2）简要说明上述案例中采用的清查方法。

B. 核对总账各账户的本期借方发生额与所属明细账的借方发生额合计数是否相等

C. 核对账簿记录与记账凭证的金额、内容等是否一致

D. 核对财务资产明细账与财产物资保管部门有关财产物资明细账余额是否一致

37. 下列各项中，关于结账方法表述正确的有(　　)。

A. 总账账户平时只需结出月末余额，年终结账时，要把所有总账账户结出全年发生额和年末余额，在摘要栏内注明“本年合计”字样，并在合计数下通栏划单红线

B. 库存现金、银行存款日记账每月结账时，要在最后一笔经济业务记录下面通栏划双红线

C. 年度终了时，有余额的账户，应将其余额结转下年，并在摘要栏注明“结转下年”字样

D. 对不需要按月结计本期发生额的账户，每次记账后，都要随时结出余额；月末结账时，只需在最后一笔经济业务记录之下通栏划单红线

38. 因工作变动更换出纳员的清查，按清查时间分类属于(　　)；按清查范围分类属于(　　)。

A. 定期清查　　B. 不定期清查　　C. 全面清查　　D. 局部清查

39. 下列需要进行全面清查的有(　　)。

A. 年终决算前　　B. 发生自然灾害

C. 单位主要领导调离工作前　　D. 企业合并、撤销

40. 下列各项中，关于财产清查的描述正确的有(　　)。

A. 库存现金的清查一般采用实地盘点法

B. 银行存款的清查一般采用与开户行对账单进行核对的方法

C. 发函询证清查方法适用于往来款项

D. 财产的盘亏数登记在“待处理财产损溢”账户的贷方

41. 下列选项中，关于银行存款清查的说法正确的有(　　)。

A. 未达账项可能是造成银行存款日记账与银行对账单余额不相等的原因

B. 对于未达账项，等以后有关原始凭证到达后再做账务处理

C. 如果调整之后双方的余额不相等，则说明银行或企业记账有误

D. 对于未达账项，需要根据银行存款余额调节表做账务处理

42. 关于记账凭证账务处理程序，下列表述正确的有(　　)。

A. 根据记账凭证逐笔登记总账，是最基本的账务处理程序

B. 简单明了、易于理解，但登记总账的工作量较大

C. 适用于规模较大、经济业务较多的单位

D. 总账可以较详细地反映经济业务的发生情况

43. 关于总账与明细账的平行登记，下列说法正确的是(　　)。

A. 总账根据科目汇总表登记

B. 明细账和总账登记期间可以不同

D. 两者性质相同，但内容不一致

29. 下列经济业务引起一项资产和一项负债同时变化的是(　　)。

A. 以银行存款偿还前欠的货款 40 000 元

B. 向银行借入长期借款一笔，金额 1 000 000 元

C. 购入材料 10 000 元，款项未付

D. 收回客户甲前欠的货款 46 000 元

30. 下列关于会计凭证的表述，正确的有(　　)。

A. 会计凭证是记录经济业务、明确经济责任的书面证明

B. 会计凭证是经济业务发生或完成情况的书面证明

C. 会计凭证分为原始凭证和会计凭证

D. 会计凭证是登记会计账簿的依据

31. 下列各项中，关于费用的说法，不正确的有(　　)。

A. 费用包括生产费用与期间费用

B. 费用会导致资产的增加或负债的减少

C. 费用是由企业非日常活动所形成的，会导致所有者权益的减少

D. 企业向所有者分配利润发生的经济利益的总流出属于费用

32. 原始凭证按照填制手续和内容分类，分为(　　)。

A. 一次原始凭证　　　　　　B. 累计原始凭证

C. 自制原始凭证　　　　　　D. 专用原始凭证

33. 下列各项中，关于原始凭证说法错误的是(　　)。

A. 原始凭证有错误的，可以自行修改

B. 金额有错误的，应当由报销人更正并签字

C. 写坏的凭证应加盖“作废”戳记，可以撕毁

D. 审核原始凭证时，应审核其真实性、合法性、合理性、完整性以及正确性

34. 下列各项中，说法正确的有(　　)。

A. 会计凭证的保管，是指会计凭证记账后的整理、装订、归档和存查工作

B. 单位保存的会计档案一般不得对外借出，经本单位会计机构负责人、会计主管人员批准，可以复制

C. 对保管期满的会计档案，可以销毁

D. 当年形成的会计档案，在会计年度终了后，可由单位会计机构保管一年，确需推迟移交的，应当经单位档案管理机构同意，且最长不超过三年

35. 下列各项中，属于账实核对的有(　　)。

A. 库存现金日记账与现金实际库存数核对

B. 各项财产物资明细账与财产物资的实有数核对

C. 银行存款日记账与银行对账单核对

D. 各项债权债务明细账与对方单位的账面记录核对

36. 下列各项中，属于账账核对的有(　　)。

A. 核对总账各账户的本期借方发生额合计数与本期贷方发生额合计数是否相等

学号：________ 班级：________ 姓名：________

密 封 线 内 不 要 答 题

会计基础专项练习题

一、单项选择题

1. 下列各项中，属于资产的是(　　)。

A. 库存股　　B. 预收账款　　C. 开发支出　　D. 存货跌价准备

2. 下列各项中，属于非流动负债的是(　　)。

A. 合同负债　　B. 应付票据　　C. 应付债券　　D. 预收账款

3. 下列各项中，关于所有者权益表述不正确的是(　　)。

A. 所有者权益是指企业资产扣除负债后由所有者享有的剩余权益

B. 所有者权益的确认、计量主要取决于资产、负债、收入、费用等其他会计要素的确认和计量

C. 直接计入所有者权益的利得是指企业非日常活动所形成的、会导致所有者权益增加的、与所有者投入资本无关的经济利益的流入

D. 所有者权益包含实收资本、资本公积、盈余公积

4. 企业购入一台运输工具，其初始入账价值所采用的会计计量属性是(　　)。

A. 可变现净值　　B. 重置成本　　C. 现值　　D. 历史成本

5. 下列选项中，可能采用可变现净值计量属性的是(　　)。

A. 固定资产的期末计量　　B. 盘盈固定资产的期末计量

C. 交易性金融资产的期末计量　　D. 原材料的期末计量

6. 下列各项中，不属于成本类账户的是(　　)。

A. 主营业务成本　　B. 制造费用　　C. 生产成本　　D. 研发支出

7. A 公司“累计摊销”科目的月初贷方余额为 500 万元，假设 A 公司“累计摊销”科目当月的借方发生额为 20 万元，贷方发生额为 50 万元，则 A 公司“累计摊销”科目的月末余额为(　　)。

A. 借方 530 万元　　B. 贷方 530 万元

C. 借方 470 万元　　D. 贷方 470 万元

8. 下列经济业务会导致会计等式总额增加的是(　　)。

A. 购入股票，进行短线操作

B. 银行转账给供应商偿还前欠的货款

C. 接受投资者投入的机器设备

D. 支付本月的借款利息

9. 某公司“实收资本”科目年初贷方余额为 200 万元，本年度收到新股东投入资金 50 万元，期间原股东减资 20 万元，则该公司“实收资本”科目的年末余额为(　　)。

A. 贷方 170 万元　　B. 贷方 230 万元

C. 借方 230 万元　　D. 贷方 270 万元

38. 采用多栏式明细账的有(　　)。

A. 生产成本明细账　　B. 主营业务收入明细账

C. 制造费用明细账　　D. 本年利润明细账

39. 用划线更正法更正错误时(　　)。

A. 应用红笔划线，并将错误数字全部划销

B. 用蓝笔在错误数字上方写上正确数字

C. 用红笔在错误数字上方写上正确数字

D. 由更正人在更正处盖章以示负责

40. 债权债务的清查主要包括(　　)的清查。

A. 应收账款　　B. 预收账款　　C. 银行存款　　D. 预付账款

三、业务分析题

41. 经济业务的分析。

【背景资料】湘水公司 2024 年 6 月发生了 7 笔经济业务，如下表所示，分别按权责发生制和收付实现制计算该公司本期的收入和费用。(注：企业必须使用权责发生制)

湘水公司 2024 年 6 月发生的经济业务　　单位：元

经济业务内容	权责发生制		收付实现制	
	收入	费用	收入	费用
1. 购买办公用品 500 元，现金付讫				
2. 销售甲商品 30 000 元，尚未收款				
3. 采购员预借差旅费，支付现金 1 500 元				
4. 预付购料款，开出支票 10 000 元				
5. 收到外单位归还上个月的欠款 40 000 元存入银行				
6. 计提本月借款利息 2 000 元				
7. 销售乙商品 64 000 元，对方以转账支票支付 60 000 元，其余尚欠				
合计				

要求：

(1) 根据所给资料，认真判断，并将结果填入上表。

28. 下列有关会计主体的说法中，正确的有(　　)。

A. 法律主体一定是会计主体

B. 基金管理公司管理的证券投资基金，也可以成为会计主体

C. 对于拥有子公司的母公司来说，企业集团应作为一个会计主体来编制财务报表

D. 会计主体一定是法律主体

29. 全面执行企业会计准则体系的企业所编制的财务报表包括(　　)。

A. 资产负债表　　B. 利润表

C. 现金流量表　　D. 附注

30. 下列符合可理解性要求的有(　　)。

A. 会计记录应当清晰明了

B. 在凭证处理和账簿登记时，应当确有依据

C. 账户的对应关系要清楚，文字摘要应完整

D. 在编制财务报表时，项目勾稽关系要清楚，内容要完整

31. 为了便于了解和运用会计账簿，可以(　　)对其进行分类。

A. 按账簿外表形式　　B. 按账簿格式

C. 按账簿用途　　D. 按账簿经济内容

32. 银行存款日记账的登记依据可能有(　　)。

A. 现金收款凭证　　B. 银行存款收款凭证

C. 现金付款凭证　　D. 银行存款付款凭证

33. 下列账簿中，不能使用活页式的有(　　)。

A. 制造费用明细账　　B. 银行存款日记账

C. 预付账款明细账　　D. 原材料总账

34. 下列明细账应采用数量金额式账页的有(　　)。

A. 应收账款　　B. 实收资本　　C. 原材料　　D. 库存商品

35. 登账时遇到下列情况应用红色墨水书写的有(　　)。

A. 直接更改错误的文字和数字记录　　B. 补充登记漏记的金额

C. 冲销错账的金额　　D. 月末结账后划线

36. 下列关于结账的做法，正确的有(　　)。

A. 所有账户的总账和明细账都要结计本期发生额和余额

B. 库存现金日记账需要按月结计发生额和余额

C. 需要结计本年累计发生额的某些明细账，其 12 月末的“本年累计”就是全年的累计发生额

D. 总账账户平时只需结出月末余额

37. 下列属于账实核对的有(　　)。

A. 银行存款日记账的账面余额与银行对账单核对

B. 库存现金日记账余额与其总账余额核对

C. 所有总账账户借方余额合计与贷方余额合计核对

D. 本单位应收账款账面余额与对方单位账面记录核对

学号：________ 班级：________ 姓名：________

密 封 线 内 不 要 答 题

概述专项练习题

一、单项选择题

1. 下列对会计基本假设的表述中恰当的是(　　)。

A. 货币计量为确认、计量和报告提供了必要的手段

B. 一个会计主体必然是一个法律主体

C. 持续经营和会计分期确定了会计核算的空间范围

D. 会计主体确定了会计核算的时间范围

2. 企业的资产按取得时的实际成本计价，这满足了(　　)要求。

A. 可靠性　　B. 明晰性　　C. 重要性　　D. 相关性

3. 从会计信息成本效益看，对所有会计事项应采取分轻重主次和繁简详略的方法进行会计核算，而不应采用完全相同的会计程序和处理方法。其体现的会计信息质量要求是(　　)。

A. 谨慎性　　B. 可比性　　C. 相关性　　D. 重要性

4. 在物价持续下跌的情况下，存货采用先进先出法计价，体现了(　　)的会计信息质量要求。

A. 重要性　　B. 谨慎性　　C. 及时性　　D. 可理解性

5. 企业对于已经发生的交易或事项，应当及时进行会计确认、计量和报告，不得提前或者延后，这体现的是(　　)要求。

A. 及时性　　B. 相关性　　C. 谨慎性　　D. 重要性

6. 会计信息应当清晰明了，便于财务报告使用者理解和使用。这体现的是(　　)要求。

A. 相关性　　B. 可靠性　　C. 及时性　　D. 可理解性

7. 我国企业会计准则规定，企业的会计核算应当以(　　)为基础。

A. 权责发生制　　B. 实地盘存制

C. 永续盘存制　　D. 收付实现制

8. 下列做法中，不符合实质重于形式要求的是(　　)。

A. 企业将签订了售后租回协议的商品确认收入

B. 企业将融资租入的固定资产作为自己的资产核算

C. 企业对建造合同按照完工百分比法确定收入

D. 车票遗失由经手人写出具体情况说明，经会计机构负责人、单位负责人批准后，可代作原始凭证

9. 为了将本企业经济活动与其他企业经济活动加以区分，企业在核算时所建立的基本前提是(　　)。

A. 会计主体　　B. 持续经营　　C. 会计分期　　D. 货币计量

10. 不得将投资者个人支出记入企业账户，依据的是(　　)假设。

A. 会计主体　　B. 会计分期　　C. 持续经营　　D. 货币计量

目　　录

初级会计实务专项练习试卷

主　编◎邓芹芹　余　丹　赵　娟
副主编◎吴　恋　尹雅薇　黄冬梅　张　丹

中国石化出版社
HTTP://WWW.SINOPEC-PRESS.COM
中国经济出版社
CHINA ECONOMIC PUBLISHING HOUSE

内　容　提　要

本套试卷主要以全国会计初级职称考试参考用书《初级会计实务》《经济法基础》为基础，针对职业学校对口升学，结合初级会计职称考试题型及难度，将重点放在会计实务的账务处理以及各项经济政策在实务中的具体运用，可以帮助做题者理解并掌握职业学校对口升学以及初级会计职称考试的相关知识，对考试的题型、难度有一定了解。本套试卷设有单选题、多选题、分析题和实务综合题四种题型，其中实务综合题可以让做题者从整体上了解企业各项经济业务的处理，提升做题者的知识综合运用能力。

本试卷内容全面、重难点突出、题型丰富，既可作为对口升学测试提升用卷，又可用于职业院校会计专业和财经类其他专业的基础课程教学辅导练习。

图书在版编目(CIP)数据

初级会计实务专项练习试卷 / 邓芹芹，余丹，赵娟主编. — 北京：中国石化出版社，2025.4. — ISBN 978-7-5114-7918-1

Ⅰ. F23-44

中国国家版本馆 CIP 数据核字第 20257UB919 号

中国石化出版社出版发行

地址:北京市东城区安定门外大街 58 号

邮编:100011　电话:(010)57512500

发行部电话:(010)57512575

http://www.sinopec-press.com

E-mail:press@sinopec.com

天津嘉恒印务有限公司印刷

全国各地新华书店经销

*

787 毫米×1092 毫米 8 开本 10.25 印张 242 千字

2025 年 4 月第 1 版　2025 年 4 月第 1 次印刷

定价:33.00 元

前言

近年来，我国财税政策改革力度较大，不断推出新的财税政策，比如2019年增值税的税率下调、个人所得税的专项附加扣除、新冠疫情下对小微企业的税收优惠，等等。本套试卷紧跟专业前沿，吃透国家最新的财税政策，是结合职业院校一线教学中的师生反馈和当前中高职学生的知识掌握和能力要求而设计编写的一套与《企业会计实务》《经济法基础》教材配套的专项练习和综合模拟试卷。

本套试卷主要以全国会计初级职称考试参考用书《初级会计实务》《经济法基础》为基础，融合中职学校《财务会计》《企业会计实务》教材，针对职业学校对口升学，结合初级会计职称考试题型及难度，将重点放在会计实务的账务处理以及各项经济政策在实务中的具体运用，可以帮助做题者理解并掌握职业院校对口升学以及初级会计职称考试的相关知识，对考试的题型、难度有一定了解。本套试卷设有单选题、多选题、分析题和实务综合题四种题型，其中单选题可以考查做题者对基础理论知识的掌握程度、相关分录的灵活运用与计算能力；多选题可以考查做题者对相关理论知识的深入理解运用；分析题可以考查做题者对相关经济政策在实际中的运用；实务综合题可以让做题者从整体上了解企业各项经济业务的处理，提升做题者的知识综合运用能力。

本试卷内容全面，重难点突出，题型丰富，既可作为普通高等学校对口招生考试模拟测试提升用卷，又可用于职业院校会计专业和财经类其他专业的专业基础课程教学辅导练习，同时对通过全国初级会计职称考试也有很大帮助。

编者

11. 下列会计处理中，符合会计信息质量可比性要求的是(　　)

A. 核算发出存货的计价方法一经确定，不得随意更改

B. 企业为了调节利润多计提资产减值准备

C. 企业为了完成利润计划将收入确认的方法由完工百分比法改为完成合同法

D. 企业为了避免3年连亏，将固定资产折旧方法由原来的直线法改为年数总和法

12. 某企业将预收的货款记入“预收账款”账户，在收到款项的当期不确认收入，而在实际发出商品时确认收入，这主要体现的是会计基本假设的(　　)。

A. 持续经营　　B. 会计分期　　C. 会计主体　　D. 货币计量

13. 下列属于原始凭证的是(　　)。

A. 购货合同　　B. 增值税专用发票

C. 生产计划　　D. 银行对账单

14. 会计凭证按其(　　)不同，分为原始凭证和记账凭证。

A. 填制人员和程序　　B. 填制程序和方法

C. 填制格式和手续　　D. 填制程序和用途

15. 在记账凭证中，(　　)。

A. 合计数前应填写货币符号“¥”　　B. 合计数前不需要填写货币符号“¥”

C. 选项A或B均可　　D. 非合计数前应填写货币符号“¥”

16. 发现原始凭证的金额有错误，正确的做法是(　　)。

A. 由出具单位在原始凭证上更正

B. 由出具单位在原始凭证上更正，并加盖出具单位印章

C. 由出具单位重开

D. 本单位代替出具单位进行更正

17. 下列原始凭证上的数字，错误的是(　　)。

A. ¥3 409.80，汉字大写金额为人民币叁仟肆佰零玖元捌角

B. ¥3 005.14，汉字大写金额为人民币叁仟零零伍元壹角肆分

C. ¥1 580.32，汉字大写金额为人民币壹仟伍佰捌拾元零叁角贰分

D. ¥8 500.00，汉字大写金额为人民币捌仟伍佰元整

18. 下列不属于原始凭证审核内容的是(　　)。

A. 凭证是否有单位的公章和填制人员签章

B. 凭证是否符合规定的审核程序

C. 凭证是否符合有关计划和预算

D. 会计科目的使用是否正确

19. 填制记账凭证时，错误的做法是(　　)。

A. 根据每一张原始凭证填制

B. 根据若干张同类原始凭证汇总填制

C. 将若干张不同内容和类别的原始凭证汇总填制在一张记账凭证上

D. 根据原始凭证汇总表填制

20. 企业的一笔经济业务涉及会计科目较多，需填制多张记账凭证的，最好采用的编号

方法是(　　)。

A. 连续编号法　　B. 分数编号法

C. 同一编号法　　D. 顺序编号法

二、多项选择题

21. 根据会计法律制度的规定，下列各项中，属于会计核算内容的有(　　)。

A. 资本、基金的增减　　B. 财务成果的计算和处理

C. 款项和有价证券的收付　　D. 债权、债务的发生和结算

22. 下列各项中，关于会计职能的表述正确的有(　　)。

A. 监督职能是核算职能的保障

B. 核算职能是监督职能的基础

C. 预测经济前景、参与经济决策和评价经营业绩是拓展职能

D. 核算与监督是基本职能

23. 下列计价方法中，采用历史成本计量属性的是(　　)。

A. 发出存货计价所使用的个别计价法

B. 期末存货计价所使用的可变现净值

C. 发出存货计价所使用的先进先出法

D. 存货计价所使用的计划成本法

24. 根据资产定义，下列各项中属于资产特征的有(　　)。

A. 资产是企业拥有或控制的资源

B. 资产预期很可能会给企业带来经济利益

C. 资产是由企业过去的交易或事项形成的

D. 资产能够可靠地计量

25. 关于费用会计要素，下列说法中正确的有(　　)。

A. 支付管理人员工资属于费用

B. 费用可能表现为资产的减少，或负债的增加，或两者兼而有之

C. 费用会导致企业所有者权益减少

D. 出售报废固定资产发生的净损失属于费用

26. 下列各项中，属于利得或损失的有(　　)。

A. 交易性金融资产的公允价值变动

B. 处置报废无形资产产生的净收益

C. 处置金融资产产生的净收益

D. 罚款取得的收入

27. 下列各项中，体现会计核算谨慎性质量要求的有(　　)。

A. 将融资租入固定资产视作自有资产核算

B. 采用双倍余额递减法对固定资产计提折旧

C. 对固定资产计提减值准备

D. 设置秘密准备

（2）根据账户的结构，填写下表中的空格。

有关账户余额和发生额

单位：元

账户名称	期初余额	本期借方发生额	本期贷方发生额	期末余额
库存现金	580	450		550
短期借款	5 000	3 000		4 000
应付账款	1 560		740	1 340
实收资本	5 000 000		2 000 000	7 000 000
原材料	1 870	1 600		560
银行存款		53 700	37 450	46 000
预付账款	1 600		1 500	1 400
库存商品	10 000	12 500	7 500	

42. 账户余额表的项目分析。

【背景资料】湘水公司 2024 年 12 月 31 日总账科目和明细科目余额见下表。

账户余额表

单位：元

总账科目	明细科目	借方余额	贷方余额
应收账款		23 000	
	甲公司	25 000	
	乙公司		2 000
预付账款		4 700	
	A 单位	5 000	
	B 单位		300
原材料		27 000	
库存商品		20 000	
生产成本		8 000	

续表

总账科目	明细科目	借方余额	贷方余额
固定资产		400 000	
库存现金		700	
银行存款		69 000	
应付账款			10 000
	丙公司		15 000
	丁公司	5 000	
预收账款			1 000
	C 单位		4 000
	D 单位	3 000	
应交税费			72 700
利润分配	未分配利润		159 920
盈余公积			48 780
实收资本			200 000
累计折旧			60 000

要求：

（1）计算账户余额表中的下列项目金额：应收账款、预收账款、预付账款、应交税费。

（2）计算湘水公司的资产总额。

10. 专用凭证是由(　　)印制。

A. 国家统一　　B. 财政部统一　　C. 企业自行　　D. 税务部门

11. 下列各项中，属于损益类账户的是(　　)。

A. 递延收益　　B. 其他收益　　C. 其他综合收益　　D. 应收账款

12. 下列各项中，引起一项资产增加的同时，另一项资产减少的业务是(　　)。

A. 预付商品款定金　　B. 收到包装物押金

C. 赊购原材料　　D. 收到投资者投入非专利技术

13. 下列各项交易或事项中，引起企业资产和负债同时减少的是(　　)。

A. 计提专利权的摊销　　B. 计提坏账准备

C. 支付已宣告但尚未发放的现金股利　　D. 宣告发放现金股利

14. 某企业按规定应缴纳所得税 1.25 万元，但尚未上缴，该项业务会导致(　　)。

A. 一项资产增加，一项负债增加

B. 一项负债增加，一项所有者权益减少

C. 负债内部一增一减

D. 一项负债减少，一项所有者权益增加

15. 企业将已到期但无力支付的银行承兑汇票转为短期借款，该项业务会导致(　　)。

A. 负债总额增加　　B. 负债总额减少

C. 所有者权益总额增加　　D. 负债总额不变

16. “生产成本”账户的期末余额等于(　　)。

A. 期初借方余额+本期贷方发生额-本期借方发生额

B. 期初贷方余额+本期贷方发生额-本期借方发生额

C. 期初借方余额+本期借方发生额-本期贷方发生额

D. 期初借方余额+本期借方发生额+本期贷方发生额

17. 下列各项中，关于借贷记账法的说法不正确的是(　　)。

A. 所有资产类账户的借方发生额表示增加，贷方发生额表示减少

B. 负债类账户的借方发生额表示减少，贷方发生额表示增加

C. 损益类(收入)账户的增加发生额在贷方，减少发生额在借方，期末无余额

D. 借贷记账法是复式记账法的一种，“借”“贷”是记账符号

18. 下列各项中，不属于原始凭证基本内容的是(　　)。

A. 原始凭证的名称以及编号

B. 接受原始凭证的单位名称或个人姓名

C. 计量单位、单价、数量和金额

D. 会计科目

19. 企业在经济业务发生或完成时应填制的会计凭证是(　　)。

A. 单据　　B. 转账凭证　　C. 银行付款凭证　　D. 通用凭证

20. 下列各项中，属于累计原始凭证的是(　　)。

A. 火车车票　　B. 收料单

C. 限额领料单　　D. 发料凭证汇总表

21. 下列各项中，属于企业自制原始凭证的是(　　)。

A. 银行结算凭证　　B. 差旅费报销单

C. 餐饮费发票　　D. 飞机票

22. 从银行提取现金，需填制的记账凭证是(　　)。

A. 银行收款凭证　　B. 现金收款凭证

C. 银行付款凭证　　D. 转账凭证

23. 下列各项中，关于会计账簿的说法错误的是(　　)。

A. 银行存款日记账属于序时账及三栏式、活页式账簿

B. 代管商品物资登记簿属于备查账簿

C. 存货类账户一般使用数量金额式账簿

D. 账簿记录发生错误时，不得刮擦、挖补或用褪色药水更改字迹，而应采用规定的方法更正

二、多项选择题

24. 下列各项中，属于企业资产的是(　　)。

A. 已付款但尚未验收入库的原材料

B. 已签订购买合同打算购买的固定资产

C. 融资租入的生产设备

D. 盘亏的库存商品

25. 下列各项中，属于企业流动负债的是(　　)。

A. 因购入固定资产开出的商业承兑汇票

B. 企业因销售形成的一项收款

C. 欠工商银行一年的借款

D. 接受股东投入的原材料

26. 下列各项中，应记入“其他业务收入”账户的有(　　)。

A. 固定资产报废产生的收益

B. 服装厂销售布料取得的收益

C. 房地产开发企业出租房屋取得的收入

D. 无法查明原因的现金盘盈

27. 下列关于会计等式的选项中，正确的有(　　)。

A. 资产=负债+所有者权益是最基本的会计等式，是编制资产负债表的依据

B. 会计等式是设置账户、复式记账、填制凭证和编制会计报表的理论依据

C. 收入-费用=利润是反映经营成果的会计等式，反映静态指标，是编制利润表的依据

D. 任何经济业务都不会破坏会计等式的平衡

28. 下列各项中，关于会计科目与会计账户的说法正确的有(　　)。

A. 会计科目按其所提供信息的详细程度分总分类科目和明细分类科目

B. 会计科目是账户的名称和设置依据

C. 会计科目为填制记账凭证服务，会计账户为编制财务报表服务

C. 总账与明细账登记的依据相同

D. 总账与明细账登记的金额必须相等

三、计算分析题

44. 企业按规定对库存现金进行定期清查。清查小组对库存现金进行盘点，为了保证清查保密性，没有允许出纳员在现场。根据清查结果填制“库存现金盘点报告表”，并由清查人员签章。盘点后，发现盘亏现金200元，经查发现是出纳个人原因。相关手续已经相关人员签字，并经领导批准。

要求：

(1)指出清查中是否存在问题，并说明理由。

(2)写出盘点后发现的库存现金亏损的会计处理。

45. 2024年10月30日，收到银行对账单余额为29 000元，甲公司银行存款日记账余额为43 000元。未达账项资料如下：

(1) 10月25日，甲公司开出一张金额为15 800元的转账支票，用以支付供货方货款，但供货方尚未持票到银行兑现。

(2) 10月30日，甲公司收到一张转账支票，金额为36 800元，已存银行，银行尚未入账。

(3) 10月30日，甲公司委托银行代收款项10 000元，银行已入账，公司尚未收到银行通知。

(4) 10月30日，开户行代付水电费3 000元，公司尚未入账。

要求：根据上述未达账项填写银行存款余额调节表。

银行存款余额调节表

项目	金额	项目	金额
银行存款日记账余额		银行存款对账单余额	
(加)银行收款，企业未收款		(加)企业收款，银行未收款	
(减)银行付款，企业未付款		(减)企业付款，银行未付款	
调节后余额		调节后余额	

46. A公司是小规模纳税人，从业人员3人，每月的经济业务量较少。年末进行财产清查时发现，盘盈一台电子设备。估计五成新，该设备市场同类产品价格为10 000元，批准处理前填制的记账凭证是“借：固定资产　5 000　贷：待处理财产损溢　5 000”，并已登账。

要求：

(1) 作为该公司的会计人员应采用哪种会计账务处理程序？请说明理由，并说出该种会计账务处理程序的优缺点。

(2) 上述盘盈的设备，应采用哪种计量方式计量？

(3) 指出该错账错在何处。

(4) 指出该错账的更正方法，并做出相关的更正分录。

C. 保管会计档案

D. 保管空白收据、空白支票以及有关印章

12. 下列结算方式中，由付款人直接委托银行将款项支付给收款人的结算方式是(　　)。

A. 支票结算方式　　B. 汇兑结算方式

C. 银行本票结算方式　　D. 银行汇票结算方式

13. 将现金送存银行，会计人员应填制的记账凭证是(　　)。

A. 现金付款凭证　　B. 转账凭证

C. 银行付款凭证　　D. 银行收款凭证和现金付款凭证

14. 下列业务中属于收入银行存款核算的是(　　)。

A. 从银行提取库存现金　　B. 从银行取得短期借款

C. 支付前欠货款　　D. 销售商品收到商业汇票一张

15. 关于银行汇票，下列说法不正确的是(　　)。

A. 银行汇票由出票银行签发

B. 银行汇票适用于先收款后发货或钱货两清的商品交易

C. 银行汇票适用于赊销

D. 单位和个人均可使用

16. 库存现金的限额一般为(　　)日常零星开支。

A. 10 天　　B. 3~5 天　　C. 15 天　　D. 20 天

17. 企业到外地进行临时或零星采购时，汇往采购地银行开立的采购专户的款项是(　　)。

A. 银行汇票　　B. 银行本票　　C. 外埠存款　　D. 在途货币资金

18. 下列各项中，可以采用商业汇票进行结算的是(　　)。

A. 法人之间具有真实的交易

B. 个人之间具有真实的交易

C. 法人之间只有商品交易才可采用

D. 个人之间只有商品交易才可采用

19. 企业为发放工资支取现金，应通过的银行账户是(　　)。

A. 基本存款账户　　B. 一般存款账户　　C. 临时存款账户　　D. 专用存款账户

20. 甲公司销售一批产品，价税合计 10 000 元，收到支票一张，至银行时发现对方账户无足额资金支付，则甲公司可要求对方给予的赔偿金额为(　　)元。

A. 5　　B. 50　　C. 1 000　　D. 200

二、多项选择题

21. 按照《人民币银行结算账户管理办法》规定，银行存款账户分为(　　)。

A. 基本存款账户　　B. 一般存款账户

C. 临时存款账户　　D. 专用存款账户

22. 企业支付现金，不得(　　)。

A. 从企业库存现金限额中支付　　B. 从开户银行中提取支付

C. 从本企业的现金收入中直接支付　　D. 坐支现金

23. 下列业务中允许使用现金的是(　　)。

A. 职工工资、津贴

B. 根据国家规定颁发给个人的科学技术、文化艺术、体育等奖金

C. 出差人员必须随身携带的差旅费

D. 向个人收购农副产品和其他物资的价款

24. 下列说法不正确的是(　　)。

A. 结算起点为 10 000 元

B. 库存现金限额一般为企业 4~5 天的正常开支需要量

C. 企业绝对不可以坐支库存现金

D. 各单位购买国家规定的专控商品一律不得以库存现金的方式支付

25. 关于外埠存款，下列说法正确的是(　　)。

A. 采购资金不计利息

B. 除采购员差旅费可以支取少量现金外，一律转账

C. 采购专户只付不收，付完结束账户

D. 采购专户可收可付

26. 按照现金保管制度的要求，下列属于出纳人员应该做的是(　　)。

A. 超过库存限额的现金应在下班前送存银行

B. 限额内的库存现金当日核对清楚后，一律放入保险柜内，不得放在办公桌内过夜

C. 单位的库存现金不准以个人名义存入银行

D. 库存的纸币和铸币应实行分类保管

27. 银行存款支出日记账对应的借方账户可能为(　　)。

A. 库存现金　　B. 应付账款　　C. 原材料　　D. 长期借款

28. 下列项目中通过“其他货币资金”核算的有(　　)。

A. 外埠存款　　B. 银行本票存款

C. 银行汇票存款　　D. 商业汇票

29. 关于支票，下列说法正确的是(　　)。

A. 支票分为转账支票和库存现金支票

B. 转账支票只能用于转账，不能支取库存现金

C. 支票的提示付款期限为 15 天

D. 不得签发空头支票，不得出租、出借支票

30. 在下列各项中，会使得企业银行存款日记账余额小于银行对账单余额的有(　　)。

A. 企业开出支票，对方未到银行兑现

B. 银行误将其他公司的存款记入本企业银行存款账户

C. 银行代扣水电费，企业尚未接到通知

D. 银行收到委托收款结算方式下结算款项，企业尚未收到通知

三、业务分析题

31. 张红在欣欣企业做会计，本月在核对银行存款日记账和银行对账单时，发现未达账项：企业送存转账支票 100 000 元，并登记银行存款增加，但银行尚未记账。对此，她编制了银行存

（5）以银行汇票结算采购材料款45 000元，取得增值税专用发票，材料验收入库。

（6）银行将多余款项退回，收妥入账。

（7）企业申请办理银行本票，将银行存款83 000元转入银行本票存款。

（8）以银行本票结算采购材料款70 000元，取得增值税专用发票，材料验收入库。将收款单位退回的银行本票余款存入银行。

（9）企业将银行存款40 000元存入信用卡。

（10）用信用卡支付招待费2 000元。

（11）收到信用卡存款利息46元。

要求：根据以上经济业务编制会计分录。

36. 启发公司2024年5月31日银行存款日记账余额为85 000元，6月1日至28日记账收入栏合计为1 000 000元，付出栏合计为995 000元，6月28日后有关银行存款日记账收支项目和银行对账单资料如下：

银行存款日记账 单位：元

日期	业务内容(原始凭证)	收入(借方)	付出(贷方)	余额
	承前页	1 000 000	995 000	90 000
29日	委托收款凭证支款通知7 000元			
29日	现金缴款单回单1 500元			

续表

日期	业务内容(原始凭证)	收入(借方)	付出(贷方)	余额
29 日	托收承付凭证收款通知 12 000 元			
30 日	电汇凭证回单 2 800 元			
30 日	现金支票存根 5 200 元			
30 日	进账单收款通知 5 000 元			

银行对账单

单位：元

日期	摘　要	收入(贷方)	付出(借方)	余额
	承前页			90 000
29 日	支付货款		7 000	83 000
29 日	收入现金	1 500		84 500
29 日	收回货款	12 000		96 500
30 日	支付费用		2 800	93 700
30 日	收回货款	8 500		102 200
30 日	交纳税金		8 000	94 200

要求：

(1) 将银行存款日记账登记完整并结账。

(2) 将银行存款日记账与银行对账单核对，编制银行存款余额调节表。

银行存款余额调节表

年　月　日

单位：元

项目	金额	项目	金额
银行存款日记账余额		银行对账单余额	
加：银收企未收 减：银付企未付		加：企收银未收 减：企付银未付	
调节后存款余额		调节后存款余额	

37. 新兴企业为增值税一般纳税人，2024 年 3 月份业务如下：

(1) 3 月 12 日，企业开出现金支票一张，从银行提取现金 3 600 元，企业用现金支付水电费 400 元，张明去北京采购材料，不方便携带现款，故委托当地银行汇款 5 650 元到北京开立采购专户，并从财务预借差旅费 2 000 元，财务以现金支付。

(2) 3 月 18 日，张明返回企业，交回采购有关的供应单位发票账单，共支付材料款项 5 650 元，其中，材料价款 5 000 元，增值税 650 元。张明报销差旅费 2 200 元，财务以现金补付余款。

(3) 3 月 21 日，企业收到上海公司上月所欠货款 47 000 元的银行转账支票一张。企业将支票和填制的进账单送交开户银行。

(4) 3 月 25 日，采购员张明持银行汇票一张前往深圳采购材料，汇票价款 8 000 元，购买材料时，实际支付材料价款 6 000 元，取得增值税专用发票。

(5) 3 月 26 日，张明返回企业时，银行已将多余款项退回企业开户银行。

月 1 日付款。甲公司 2024 年 6 月 1 日将应收乙公司的账款向银行申请贴现，企业与银行签订的协议中规定，在贴现的应收账款到期、乙公司未按期偿还时，甲公司负有向银行等金融机构还款的责任。甲公司实际收到 480 000 元，手续费 20 000 元，款项已收入银行。甲公司贴现时应做的会计处理为(　　)。

A. 借：银行存款　480 000
　　贷：应收账款　480 000

B. 借：银行存款　480 000
　　贷：短期借款　480 000

C. 借：银行存款　480 000
　　财务费用　20 000
　　贷：应收账款　500 000

D. 借：银行存款　480 000
　　财务费用　20 000
　　贷：短期借款　500 000

10. 下列不可以确认为坏账的是(　　)。

A. 债务人死亡　B. 债务人超过 2 年没有归还借款

C. 债务人失踪　D. 债务人超过 3 年没有归还借款

11. 甲企业月末应收账款科目 20 000 元，坏账准备期初金额 2 000 元(贷)，本期冲回坏账 500 元，计提坏账准备 1 000 元，经检测，应收账款的预计未来现金流量的现值 15 000 元，则本期实际计提的坏账准备为(　　)元。

A. 2 500　B. 3 500　C. 1 500　D. 3 000

12. 企业按规定提取的坏账准备，应计入(　　)。

A. 财务费用　B. 营业外支出

C. 资产减值损失　D. 信用减值损失

13. 企业 2024 年 1 月 6 日签发的票据，期限 150 天，则到期日为(　　)。

A. 6 月 6 日　B. 6 月 5 日　C. 6 月 7 日　D. 6 月 4 日

14. A 公司向 B 公司销售一批产品，货款为 10 000 元，增值税税率 13%，收到一张期限为 3 个月的不带息商业承兑汇票。该笔业务中记入“应收票据”科目的金额为(　　)。

A. 10 000　B. 11 300　C. 1 300　D. 10 300

15. 甲公司 5 月 1 日将本年 4 月 1 日签发、期限 3 个月、票面价值 60 000 元的不带息商业汇票向银行贴现，年贴现率为 6%。甲公司的贴现收入为(　　)元。

A. 59 100　B. 59 400　C. 59 700　D. 60 300

16. 某企业采用托收承付结算方式销售一批商品，增值税专用发票上注明的价款为 1 000 万元，适用的增值税税率为 13%，销售商品为客户代垫运输费含税价款 5.45 万元，全部款项已办妥托收手续。该企业应确认的应收账款为(　　)万元。

A. 1 000　B. 1 005.45　C. 1 130　D. 1 135.45

17. 当企业预付货款小于采购货物所需要的款项时，应将不足部分补付，此时应借记的科目是(　　)。

A. 预付账款　B. 应付账款　C. 其他应付款　D. 其他应收款

18. 某日，企业职工李某出差归来报销差旅费 5 500 元，前期已预借差旅费 6 000 元，余款以现金交回。下列会计处理正确的是(　　)。

A. 借：管理费用　6 000
　　贷：库存现金　6 000

B. 借：其他应收款　500
　　贷：库存现金　500

C. 借：管理费用　　5 500

　　库存现金　　500

　贷：其他应收款　　6 000

D. 借：管理费用　　5 500

　贷：其他应收款　　5 500

19. 企业出租固定资产应收而未收到的租金应记入(　　)科目。

A. 其他业务收入　　B. 固定资产清理

C. 应收账款　　D. 其他应收款

20. 2024 年 12 月 1 日，某企业“坏账准备—应收账款”科目贷方余额 1 万元。12 月 25 日，收回已作坏账转销的应收账款 1 万元。12 月 31 日，应收账款余额为 130 万元，经减值测试，应收账款的预计未来现金流量现值为 118 万元。不考虑其他因素，12 月 31 日该企业应计提的坏账准备金额为(　　)万元。

A. 10　　B. 12　　C. 11　　D. 13

二、多项选择题

21. 企业因销售商品发生的应收账款，其入账价值应当包括(　　)。

A. 销售商品的价款　　B. 增值税销项税额

C. 代购货方垫付的包装费　　D. 可能发生的销售折让

22. 下列各项中，企业应通过“其他应收款”科目核算的有(　　)。

A. 应收代职工垫付的房租和水电费

B. 财产遭受意外损失应由保险公司支付的赔偿款项

C. 销售商品代客户垫付的运输费

D. 租入包装物支付的押金

23. 应收款项主要由(　　)组成。

A. 应收账款　　B. 应收票据

C. 其他应收款　　D. 应收在途资金

24. 下列各项中，可以计提坏账准备的有(　　)。

A. 应收账款　　B. 应收票据

C. 预付账款　　D. 其他应收款

25. 属于应收账款核算范围的有(　　)。

A. 应收销货款　　B. 应收租入包装物保证金

C. 应收代垫运输费用　　D. 应收增值税销项税额

26. 企业将无息票据贴现时，影响贴现息计算的因素有(　　)。

A. 票据的面值　　B. 票据贴现期

C. 银行存款利率　　D. 贴现率

27. 下列各项中，应在“坏账准备”账户贷方反映的有(　　)。

A. 提取的坏账准备

B. 收回前期已确认为坏账并转销的应收账款

C. 发生的坏账损失

D. 冲销的坏账准备

28. 下列各项中，应列入资产负债表“应收账款”项目的有(　　)。

35. 鑫荣企业是增值税一般纳税人，2024 年 11 月 1 日向乙公司销售一批商品。甲公司商业折扣标准为购货达 10 000 元给予 10%的商业折扣。乙公司购入商品货款为 20 000 元，开出增值税专用发票，运杂费 500 元，以转账支票付讫，今一并向银行办妥托收手续。同时，甲公司给出现金折扣条件为 2/10，1/20，n/30(计算现金折扣时不考虑增值税)，预计 11 月 9 日收到款项的概率为 90%，11 月 19 日收到款项的概率为 8%，20 天后收到款项的概率为 2%。企业于 11 月 9 日收到款项。

要求：做出相应的会计处理，相关计算写明计算过程。

36. 启发公司根据信用风险特征，确定的计提坏账比例为 0.5%。2022 年坏账准备账户余额为 30 000 元，2023 年确认有 8 000 元应收账款无法收回，予以转销，2023 年年末应收账款余额为 6 500 000 元，2024 年收回上年度已核销的坏账 6 000 元，年末应收账款余额为 7 600 000 元。

要求：编制各年有关坏账的会计分录。

37. 新兴企业为增值税一般纳税人，该企业对坏账损失采用应收账款余额百分比法，2024年12月31日“坏账准备”账户余额在贷方，金额为2 380元，“应收账款”账户借方余额为40 000元。2024年发生部分业务如下：

(1) 2月10日，赊销给A公司一批商品，货款10 000元，增值税为1 300元。

(2) 2月28日，A公司付来本月10日赊购商品的货款及增值税的转账支票一张，已存入银行。

(3) 2月28日，用银行存款向C公司预付材料款20 000元。

(4) 3月18日，销售给B公司一批商品，货款20 000元，增值税2 600元，因批量购买，给予8%的商业折扣(不考虑增值税)；运杂费500元以转账支票付讫，今一并向银行办妥托收手续。

(5) 4月1日，职工李伟预借差旅费500元，以现金支付。

(6) 4月20日，给销售部备用金定额1 200元，签发现金支票支付。

(7) 4月22日，李伟报销差旅费620元，差额补付现金。

(8) 5月1日，销售产品一批，开出的增值税专用发票上注明的价款为300 000元，增值税39 000元，同时代垫运费1 000元，收到一张期限为6个月、票面利率为5%的商业承兑汇票。该批产品成本为210 000元。

(9) 6月20日，收到C公司材料，增值税专用发票注明价款20 000元，增值税2 600元，余款当即用银行存款补齐。

(10) 6月30日，计提票据利息。

(11) 9月1日，因企业急需资金，将之前收到的票据到银行贴现，贴现率为8%，贴现收入已收存银行，企业负连带还款责任。

(12) 9月25日，应收D公司货款21 500元，因该企业已破产无法收回，经批准转作坏账损失。

(13) 12月30日，E公司还来前欠货款22 600元，已存入银行。该笔货款已于去年6月转作坏账损失，予以冲转。

(14) 12月31日，按应收账款的5%计提本年度坏账准备。

要求：根据以上经济业务，编制会计分录。

10. 企业购入的单位价值小或易损坏的小型工具、劳保鞋等，在领用时一般应按(　　)摊销。

A. 盘存法　　B. 五五摊销法　　C. 一次摊销法　　D. 分次摊销法

11. 如果某种产品所耗原材料费用在产品成本中所占比重很大，在产品成本的确定时可使用的方法是(　　)。

A. 约当产量法　　B. 在产品按固定成本法

C. 在产品按所耗原材料费用计算法　　D. 在产品按完工产品成本法

12. 购进存货运输途中发生的合理损耗应(　　)。

A. 计入存货采购成本　　B. 由运输单位赔偿

C. 计入营业外支出　　D. 由保险公司赔偿

13. 某企业为增值税小规模纳税企业，该企业购入甲材料 600 公斤，每公斤含税单价为 50 元，发生运杂费 2 000 元，运输途中发生合理损耗 10 公斤，入库后发生挑选整理费用 200 元，该批甲材料的入账价值为(　　)元。

A. 30 000　　B. 32 000　　C. 32 200　　D. 32 700

14. 某企业月初结存材料的计划成本为 30 000 元，成本差异为超支 200 元；本月入库材料的计划成本为 70 000 元，成本差异为节约 700 元。当月生产车间领用材料的计划成本为 60 000 元，当月生产车间领用材料应负担的材料成本差异为(　　)元。

A. −300　　B. 300　　C. −540　　D. 540

15. A 企业月初甲材料的计划成本为 10 000 元，“材料成本差异”账户借方余额为 500 元，本月购进甲材料一批，实际成本为 16 180 元，计划成本为 19 000 元，本月生产车间领用甲材料的计划成本为 8 000 元，管理部门领用甲材料的计划成本为 4 000 元，该企业期末甲材料的实际成本是(　　)元。

A. 14 680　　B. 15 640　　C. 15 680　　D. 16 640

16. 随同产品出售而不单独计价的包装物，应于发出时按其实际成本计入(　　)。

A. 其他业务成本　　B. 管理费用　　C. 销售费用　　D. 主营业务成本

17. 随同产品出售单独计价的包装物，应于发出时按其实际成本计入(　　)。

A. 其他业务成本　　B. 管理费用　　C. 销售费用　　D. 主营业务成本

18. 某企业为增值税一般纳税人，适用的增值税税率为 13%，适用的消费税税率为 10%，该企业委托其他单位加工一批属于应税消费品的原材料(非金银首饰)，该批委托加工原材料收回后用于继续生产应税消费品，发出材料的成本为 200 万元，支付不含税的加工费 90 万元，支付的增值税为 11.7 万元，该批原材料已加工完成并验收，成本为(　　)万元。

A. 290　　B. 299　　C. 319　　D. 330.7

19. 某增值税一般纳税人企业委托外单位加工一批消费税应税消费品，材料成本为 50 万元，加工费 5 万元(不含税)，受托方增值税税率为 13%，受托方代扣代缴消费税 1 万元，该批材料加工后委托方直接出售，则该材料加工完毕入库时的成本为(　　)万元。

A. 63.5　　B. 56　　C. 58.5　　D. 55

20. 企业销售产品领用不单独计价的包装物一批，其计划成本为 8 000 元，材料成本差异率为 1%，此项业务企业应计入销售费用的金额为(　　)元。

A. 8 000　　B. 7 920　　C. 8 080　　D. 0

二、多项选择题

21. 下列各项与存货相关的费用中，应计入存货成本的有(　　)。

A. 材料采购过程中发生的保险费

B. 材料入库前发生的挑选整理费

C. 在生产过程中为达到下一个生产阶段所必需的仓储费用

D. 非正常消耗的直接材料

22. 下列各项中，增值税一般纳税人企业应计入收回委托加工物资成本的有(　　)。

A. 支付的加工费

B. 随同加工费支付的增值税

C. 支付的收回后继续加工的委托加工物资的消费税

D. 支付的收回后直接销售的委托加工物资的消费税

23. “材料成本差异”贷方登记(　　)。

A. 采购物资的超支差异　　B. 采购物资的节约差异

C. 发出材料应分摊的节约差异　　D. 发出材料应分摊的超支差异

24. 下列应记入“销售费用”的有(　　)。

A. 支付的广告费

B. 出借包装物的成本

C. 随同产品出售不单独计价的包装物的成本

D. 随同产品出售单独计价的包装物的成本

25. 企业对发出存货的实际成本进行计价的方法有(　　)。

A. 个别计价法　　B. 加权平均法　　C. 先进先出法　　D. 后进先出法

26. 下列项目中，应记入“存货成本”的税金有(　　)。

A. 材料委托加工后用于连续生产应税消费品已缴的消费税

B. 一般纳税企业购入材料的增值税

C. 企业计算出自产自用应税产品而应缴纳的资源税

D. 小规模纳税企业购入原材料已缴纳的增值税

27. 下列各项中，应记入“其他业务成本”的有(　　)。

A. 出借包装物成本的摊销

B. 出租包装物成本的摊销

C. 随同产品出售单独计价的包装物成本

D. 随同产品出售不单独计价的包装物成本

28. 企业存货除指存放在企业自有仓库的存货，还应包括(　　)。

A. 存放在企业所属门市部准备销售的存货　　B. 送交展览会展出的存货

C. 委托其他单位代销的存货　　D. 已售出但购货者尚未提取的存货

29. 下列各项，构成工业企业外购材料存货入账价值的有(　　)。

A. 买价　　B. 运杂费

C. 运输途中合理损耗　　D. 入库前的挑选整理费用

30. 下列存货中，属于周转材料的有(　　)。

A. 发出商品　　B. 包装物　　C. 低值易耗品　　D. 委托加工物资

(2) 3 日，从甲企业购入 A 材料，买价共计 100 000 元，增值税 13 000 元，甲企业代垫运费 1 500 元，增值税 135 元。企业签发并承兑一张票面金额为 114 635 元、2 个月期限的商业汇票结算材料款项，材料已验收入库。

(3) 5 日，按照合同规定，向乙企业预付购料款 80 000 元，已开出转账支票支付。

(4) 8 日，上月已付款的在途 A 材料已验收入库，其实际成本为 50 000 元。

(5) 12 日，向丁企业采购 A 材料 1 000 千克，买价为 120 000 元，增值税为 15 600 元；丁企业已代垫运杂费 2 000 元，增值税 180 元，取得相应增值税专用发票。货款共 137 780 元，已通过托收承付结算方式支付，材料尚未运到。

(6) 20 日，从丁企业购买的 A 材料运达，验收入库 950 千克，短缺 50 千克，原因待查。

(7) 25 日，用预付货款方式从乙企业采购的 B 材料已验收入库，增值税专用发票上列明价款 70 000 元，增值税 9 100 元，余款收回存入银行。

(8) 28 日，A 材料短缺原因已查明，系丁企业少发货，丁企业已同意退款，但款项尚未收到。

(9) 31 日，根据发料凭证汇总表，本月基本生产车间生产产品领用原材料 425 000 元，车间一般性消耗领用原材料 80 500 元，厂部管理部门领用原材料 87 600 元，销售部门领用原材料 52 800 元。

要求：编制上述业务的会计分录。

35. 某企业为增值税一般纳税人，材料按计划成本法核算。甲材料计划单位成本 10 元。该企业 2024 年 4 月份有关资料如下：

(1)“原材料”账户月初余额 40 000 元，“材料成本差异”账户月初贷方余额 548 元，“材

料采购”账户月初借方余额10 600元。(上述账户核算的均为甲材料)

(2) 5日，上月已付款的甲材料1 000公斤如数收到，已验收入库。

(3) 15日，从外地A公司购入甲材料6 000公斤，增值税专用发票注明价款59 000元，增值税7 670元，企业已用银行存款支付上述款项，材料尚未到达。

(4) 20日，从A公司购入的甲材料到达，验收入库时发现短缺40公斤，属于定额内自然损耗。按实收数量验收入库。

(5) 30日，汇总本月发料凭证，本月共发出甲材料7 000公斤，全部用于生产产品。

要求：

(1) 编制会计分录。

(2) 计算本月材料成本差异率、本月发出材料应负担的成本差异及月末库存材料的实际成本。

36. 某工业企业为增值税一般纳税人，材料按计划成本计价核算，甲材料计划单位成本为每公斤15元，乙材料为每公斤20元。该企业2024年4月份有关资料如下：

(1) 1日，“原材料—甲材料”账户月初余额45 000元，“原材料—乙材料”账户月初余额60 000元(含暂估入账20 000元)，“材料成本差异—甲材料”账户月初借方余额500元，“材料成本差异—乙材料”账户月初贷方余额300元。

(2) 5日，企业发出100公斤甲材料委托A公司加工成新的物资。

(3) 6日，收到原暂估入账的乙材料账单，发票上注明的价款为18 000元，增值税为2 340元，对方代垫运费为1 000元，增值税为130元。款项未付。

(4) 15日，从外地S公司购入甲材料6 000公斤，价款为61 000元，增值税为7 930元，企业已用银行存款支付上述款项，材料尚未到达。

(5) 17日，从G公司购入乙材料3 000公斤，价款为55 000元，增值税为7 150元，支付运费2 200元并取得增值税专用发票，材料款尚未支付。

(6) 20日，从S公司购入的甲材料到达，验收入库时发现短缺20公斤，经查明为途中定额内自然损耗，按实收数量验收入库。

(7) 28日，从G公司购入的乙材料已运到，经查验发现有少许质量问题，经协商后同意给予10%的销售折让，支付扣除折让后的价款，并将材料验收入库。

(8) 30日，前期购入的2 000公斤甲材料已经验收入库，因未收到发票账单暂未付款。

9. 库存商品的增加、减少和结存，只计售价金额，不计进价金额和数量的核算方法是(　　)。

A. 售价金额核算法　　B. 进价金额核算法

C. 数量进价金额核算法　　D. 全月一次加权平均法

10. 在完工产品与在产品之间费用分配核算中，对于定额管理基础较好、各项消耗定额或费用定额比较准确稳定，且各月在产品数量变动不大的产品，适用的分配方法是(　　)。

A. 定额比例法　　B. 在产品按固定成本计价法

C. 在产品按定额成本计价法　　D. 在产品按完工产品成本法

11. 下列应计入产品成本的费用是(　　)。

A. 职工教育经费　　B. 生产车间机器设备的修理费

C. 技术服务部门设备的修理费　　D. 仓库设备的修理费

12. 辅助生产车间的产品或劳务主要用于(　　)。

A. 辅助生产车间内部的生产和管理　　B. 基本生产和经营管理

C. 对外销售　　D. 专项工程建造

13. 将辅助生产车间费用先进行一次相互分配，然后再将辅助生产费用对辅助生产车间以外各受益对象进行分配，这种辅助生产费用的分配方法是(　　)。

A. 直接分配法　　B. 顺序分配法　　C. 交互分配法　　D. 代数分配法

14. 在辅助生产费用采用计划成本分配法时，为了简化计算工资，辅助生产劳务的成本差异一般全部计入(　　)。

A. 管理费用　　B. 生产成本　　C. 制造费用　　D. 营业外支出

15. 应计入产品成本的停工损失是(　　)。

A. 火灾造成的停工损失　　B. 应由过失单位赔偿的停工损失

C. 季节性和固定资产修理期间的停工损失　　D. 地震造成的停工损失

16. 辅助生产费用交互分配后的实际费用，应在有关单位之间进行分配，有关单位是指(　　)。

A. 各受益单位　　B. 各辅助生产车间

C. 基本生产车间　　D. 辅助生产车间以外的各受益单位

17. 不应列入企业在产品的是(　　)。

A. 正在车间加工中的在产品

B. 已完成一个或几个生产步骤，还需要加工的半成品

C. 对外销售的自制半成品

D. 待返修的废品

18. 某产品经三道工序加工而成，各工序的工时定额分别为10小时、20小时、20小时。各工序在产品在本工序的加工程度按工时定额的50%计算。第三道工序的累计工时定额为(　　)。

A. 20小时　　B. 30小时　　C. 40小时　　D. 50小时

19. 产品成本计算的分步法适用于(　　)。

A. 大量大批的多步骤生产　　B. 小批生产

C. 单件生产　　D. 大量大批的单步骤生产

20. 某制造企业2024年5月基本生产车间生产A、B两种产品。当月共发生制造费用80

万元，采用机器工时比例法分配制造费用，A、B 两种产品机器工时分别为 1600 小时、900 小时，不考虑其他因素，A 产品本月应分配的制造费用为(　　)万元。

A. 80　　B. 0　　C. 28.8　　D. 51.2

二、多项选择题

21. 商品流通行业库存商品的核算方法包括(　　)。

A. 数量进价金额核算法　　B. 后进先出法

C. 售价金额核算法　　D. 进价金额核算法

22. 下列有关库存商品的说法，正确的是(　　)。

A. 库存商品可以采用实际成本核算，也可以采用计划成本核算

B. 库存商品采用计划成本核算时，实际成本与计划成本的差异可单独设置“产品成本差异”账户核算

C. “库存商品”账户期末余额在借方，反映各种库存商品的实际成本或计划成本

D. 商品批发企业一般采用毛利率法计算本期商品销售成本和期末库存商品成本

23. 下列公式正确的有(　　)。

A. 毛利率=销售毛利÷销售净额×100%

B. 销售净额=销售收入-销售折让-销售退回

C. 销售毛利=销售收入×毛利率

D. 销售成本=销售净额-销售毛利

24. 某零售业企业采用售价金额核算法核算库存商品，月末需要调整的账户有(　　)。

A. 主营业务收入　　B. 库存商品　　C. 主营业务成本　　D. 商品进销差价

25. 下列各项作为企业库存商品核算的是(　　)。

A. 接受来料加工的代制品

B. 发出展览的商品

C. 已完成销售手续但购买方暂未提取的商品

D. 寄存在外的商品

26. 为了正确计算产品成本，必须正确划分(　　)。

A. 各种产品的费用界限　　B. 完工产品和在产品的费用界限

C. 盈利产品和亏损产品的费用界限　　D. 应计入管理费用和财务费用的界限

27. 下列各项中，属于制造费用项目的有(　　)。

A. 生产设备的折旧费　　B. 生产车间管理用具的摊销

C. 自然灾害引起的停工损失　　D. 生产车间管理人员的工资

28. 在下列方法中，属于辅助生产费用分配方法的有(　　)。

A. 交互分配法　　B. 代数分配法　　C. 定额比例法　　D. 直接分配法

29. 下列产品成本计算方法中，属于产品成本计算的基本方法的有(　　)。

A. 定额法　　B. 分批法　　C. 分步法　　D. 品种法

30. 完工产品与在产品之间分配费用的方法有(　　)。

A. 约当产量比例法　　B. 交互分配法　　C. 固定成本计价法　　D. 定额比例法

三、计算分析题

31. 甲企业为增值税一般纳税人，专门从事商品批发业务，售价不含增值税，采用毛利

33. 某企业生产A、B两种产品，A产品耗用的原材料是生产开始时一次投入的，而B产品是随着加工进度逐步投入的。其余资料见下表。

产品名称	完工产品件数（件）	在产品件数（件）	完工百分比(%)	月初生产费用与本月生产费用合计		
				原材料(元)	工资及福利费(元)	制造费用(元)
A	120	40	37.5	64 640	26 460	21 060
B	300	100	50	175 000	79 800	63 000

要求：用约当产量法计算完工产品与在产品成本，并编制产品入库的会计分录。

四、综合业务题

34. 甲企业为增值税一般纳税人，采用数量进价金额核算法对库存商品进行核算。2024年6月发生如下业务：

(1) 1日，向外单位购进A商品150件已入库，单价350元，取得增值税专用发票，对方代垫运费800元(金额较小)，取得增值税专用发票，上述款项均以现金支票支付。

(2) 10日，向佳佳公司订购B商品10 000件，每件3元，直运给福娃公司，供应价每件3.5元，相关企业均为增值税一般纳税人。佳佳公司代垫运费300元，其中甲企业负担100元，福娃公司负担200元。

(3) 15日，对外销售A商品100件，单位售价450元，开出增值税专用发票，价税款已送存银行，结转相关成本。

(4) 15日，收到佳佳公司的托收凭证，内附增值税专用发票，注明价款为30 000元，增值税为3 900元，运费凭证300元，增值税27元，审核无误，当即付款。

(5) 20日，收到福娃公司支付的商品款以及运费。

要求：根据上述经济业务编制会计分录。

35. 某商场为增值税一般纳税人，适用的增值税税率为13%，对库存商品采用售价金额核算法进行核算。2024年4月期初商品进价成本为300 000元，售价总额为390 000元。本期发生如下经济业务：

(1) 3日，购入商品一批，取得的增值税专用发票上注明的价款为150 000元，增值税为19 500元，款项已用银行本票支付。商品如数验收入库，售价总额为210 000元。

(2) 5日，购入商品1 000件，取得的增值税专用发票上注明的价款为100 000元，增值税13 000元，款项已付。6日验收时发现多了100件，经查为供货方多发，协商后补做购进，款项已付。商品售价总额为160 000元。

(3) 15日，销售商品一批，不含税售价为277 500元，已开出增值税专用发票，商品已发出，收到一张金额为250 000元的银行汇票，余款暂未收到。

(4) 月末对商品进行盘点，发现商品短缺100元，经查属于正常损耗。

要求：

(1) 做出购进商品、销售商品的会计处理。

(2) 计算本月商品进销差价率和已销商品应分摊的进销差价，并编制相关会计分录。

(3) 编制月末商品盘点前后的会计分录。

A. 1　　B. 5　　C. −5　　D. 10

8. 企业的期末存货价值多计就会使(　　)偏低。

A. 利润　　B. 发出存货成本

C. 资产　　D. 下一期的期初存货

9. 某企业采用成本与可变现净值孰低法的单项比较法确定期末存货的价值。假定 2024 年 10 月末 A、B、C 三种存货的成本和可变现净值分别为：A 存货成本 20 000 元，可变现净值 17 000 元；B 存货成本 30 000 元，可变现净值 32 000 元；C 存货成本 56 000 元，可变现净值 50 000 元。该企业 10 月末存货的价值为(　　)元。

A. 93 000　　B. 95 000　　C. 97 000　　D. 99 000

10. 在成本与可变现净值孰低法下，对成本与可变现净值进行比较确定当期存货跌价准备时，应当(　　)。

A. 分别按单个存货项目进行比较　　B. 分别按存货类别进行比较

C. 按全部存货进行比较　　D. 企业根据实际情况作出选择

二、多项选择题

11. 下列各项中，属于存货清查方法的是(　　)。

A. 实地盘点法　　B. 技术推断法　　C. 先进先出法　　D. 加权平均法

12. 下列关于存货会计处理的表述中，正确的有(　　)。

A. 存货采购过程中发生的合理损耗计入存货采购成本

B. 存货跌价准备通常应当按照单个存货项目计提，也可分类计提

C. 债务人因债务重组转出存货时不结转已计提的相关存货跌价准备

D. 发出原材料采用计划成本核算的应于资产负债表日调整为实际成本

13. 下列有关可变现净值的表述中，正确的有(　　)。

A. 无销售合同的库存商品以该库存商品的估计售价为基础

B. 有销售合同的库存商品以该库存商品的合同价格为基础

C. 用于出售的无销售合同的材料以该材料的市场价格为基础

D. 用于生产有销售合同产品的材料以该材料的市场价格为基础

14. 存货盘盈需要进行的处理是(　　)。

A. 直接调整账面价值，做到账实相符

B. 在查明原因前，及时办理入账手续，借记有关存货账户，贷记“待处理财产损溢”

C. 经有关部门批准后，再冲减管理费用

D. 经有关部门批准后，根据不同原因，记入“管理费用”或“营业外收入”

15. 下列存货盘亏或毁损损失，报经批准后，应转作“管理费用”的有(　　)。

A. 定额内自然损耗　　B. 自然灾害造成的毁损净损失

C. 管理不善造成的毁损净损失　　D. 收发差错造成的毁损净损失

16. 企业计提存货跌价准备时，可以采用的方式有(　　)。

A. 按照单个存货项目计提

B. 如果产品系列的单个项目难以区分，该产品系列可以合并计提

C. 数量繁多、单价较低的存货，可以按类别计提

D. 可以按存货总体计提

17. 期末存货价值的多计，必然会使(　　)。

A. 发出存货的成本偏低　　B. 利润虚增

C. 发出存货的成本偏高　　D. 利润虚减

18. 关于成本与可变现净值孰低法，下列各项正确的是(　　)。

A. 成本是指存货的历史成本

B. 可变现净值是指存货的现行售价

C. 当成本低于可变现净值时，存货按成本计价

D. 当成本高于可变现净值时，存货按可变现净值计价

19. 企业存货发生亏损，应先记入"待处理财产损溢"账户，查明原因后可分别转入(　　)。

A. 管理费用　　B. 营业外支出

C. 销售费用　　D. 财务费用

20. 计提存货跌价准备涉及的会计科目有(　　)。

A. 待处理财产损溢　　B. 管理费用

C. 资产减值损失　　D. 存货跌价准备

三、计算分析题

21. 某公司期末存货采用成本与可变现净值孰低法计价，各期末存货账面余额和可变现净值资料如下：

期间	账面成本(元)	可变现净值(元)
第一期末	500 000	470 000
第二期末	600 000	520 000
第三期末	640 000	620 000

要求：计算各期末存货跌价损失，并编制有关会计分录。

24. 甲公司为增值税一般纳税人，存货期末按成本与可变现净值孰低法计量，同时按单个存货项目计提存货跌价准备。2023—2024 年有关业务资料如下：

(1) 2023 年 4 月 30 日，公司从外地购入甲材料 500 千克，收到的增值税专用发票上注明的价款为 300 000 元，增值税为 39 000 元。上述款项已用银行存款支付。

(2) 2023 年 6 月 30 日，甲材料的可变现净值为 147 500 元。

(3) 2023 年 12 月 31 日，甲材料的可变现净值为 149 500 元。

(4) 2024 年 2 月 5 日，公司将该批甲材料以 200 000 元(不含增值税)的价格对外出售(假定出售材料不是该公司的主营业务)，出售所得款项已经存入银行。

要求：编制上述经济业务的会计分录。

25. 甲公司为增值税一般纳税人，增值税税率为13%。生产中所需W材料按实际成本核算，采用月末一次加权平均法计算和结转发出材料成本。2024年6月1日，W材料结存1 400千克，账面余额385万元，未计提存货跌价准备。甲公司2024年6月份发生的有关W材料业务如下：

(1) 3日，持银行汇票300万元购入W材料800千克，增值税专用发票上注明的货款为216万元，增值税为28.08万元，对方代垫包装费1.8万元，材料已验收入库，剩余票款退回并存入银行。

(2) 6日，签发一张商业承兑汇票购入W材料590千克，增值税专用发票上注明的货款为163万元，增值税为21.19万元，对方代垫保险费0.4万元。材料已验收入库。

(3) 10日，收到乙公司作为资本投入的W材料5 000千克，并验收入库。投资合同约定该批原材料价值(不含可抵扣的增值税进项税额)为1 415万元，增值税进项税额为183.95万元，乙公司开具增值税专用发票。假定合同约定的价值与公允价值相等，未发生资本溢价。

(4) 20日，销售W材料一批，开出增值税专用发票上注明的售价为171万元，增值税为9.23万元，款项已由银行收妥。

(5) 30日，因自然灾害毁损W材料50千克，该批材料购入时支付的增值税为2.38万元，经保险公司核定应赔偿10万元，款项尚未收到，其余损失已经有关部门批准处理。

(6) 6月份发出材料情况如下：

① 生产车间领用W材料2 000千克，用于生产A产品20件、B产品10件，A产品每件消耗定额为24千克，B产品每件消耗定额为52千克，材料成本在A、B产品之间按照定额消耗量比例进行分配；车间管理部门领用700千克；企业行政管理部门领用450千克。

② 委托加工一批零部件，发出W材料100千克。

③ 20日对外销售发出W材料600千克。

(7) 30日，W材料的预计可变现净值为1 000万元。假定除上述资料外，不考虑其他因素。

要求：

(1) 编制甲公司第(1)~(4)项业务的会计分录。

(2) 计算甲公司6月份W材料的加权平均单位成本。

(3) ① 编制甲公司第(5)项业务的会计分录。

② 计算甲公司A、B产品应分配的W材料成本。

③ 编制甲公司第(6)项结转发出材料成本的会计分录。

(4) 计算甲公司6月30日W材料账面余额。

(5) 计算甲公司6月30日W材料计提的存货跌价准备并编制会计分录。

(6) 计算甲公司6月30日记入资产负债表“存货”项目的金额。

(“应交税费”科目要求写明细科目及专栏名称，答案中的金额以万元为单位)

A. 2.679 03　　B. 2.629 59　　C. 2.522 97　　D. 2.522 835

9. 2024年1月1日，A公司决定对现有生产线进行改扩建，以提高其生产能力。原值2 400万元，已计提折旧750万元。经过五个月，完成了对这条生产线的改扩建工程，共发生支出1 200万元，符合固定资产确认条件。被更换的部件的原价为200万元，被更换的部件的折旧为50万元。则对该条生产线进行更换后的原价为(　　)万元。

A. 3 450　　B. 2 700　　C. 3 600　　D. 3 000

10. 某企业2024年6月期初固定资产原值10 500万元。6月增加了一项固定资产，入账价值为750万元；同时6月减少了固定资产原值150万元。则6月份该企业应计提折旧的固定资产原值为(　　)万元。

A. 11 100　　B. 10 650　　C. 10 500　　D. 10 350

11. 甲公司的注册资本为150万元。2018年6月25日，甲公司接受乙公司以一台设备进行投资。该台设备的原价为84万元，已计提折旧24.93万元，投资各方经协商确认的价值为45万元，公允价值为40万元，占甲公司注册资本的30%。假定不考虑其他相关税费，甲公司的固定资产入账价值为(　　)万元。

A. 40　　B. 84　　C. 49.07　　D. 45

12. 企业一次购入多项没有单独标价的固定资产，确定各项固定资产原价的方法是(　　)。

A. 按各项固定资产的现值

B. 按各项同类固定资产的净值

C. 按各项同类固定资产的历史成本

D. 按各项固定资产公允价值比例进行分配

13. 某固定资产原值为250 000元，预计净残值为6 000元，预计可以使用8年，按照双倍余额递减法计算，第二年应提取的折旧是(　　)元。

A. 46 875　　B. 45 750　　C. 61 000　　D. 30 500

14. 某项固定资产原值为40 000元，预计净残值为2 000元，折旧年限为4年，采用年数总和法计提折旧，则第三年折旧额为(　　)。

A. 7 600元　　B. 8 000元　　C. 3 800元　　D. 12 000元

15. 一台机器设备原值为80 000元，估计净残值为8 000元，预计可使用12年，按直线法计提折旧，则第二年应计提折旧(　　)元。

A. 6 600　　B. 6 000　　C. 7 000　　D. 8 000

16. 下列各因素中，计提固定资产折旧时通常不考虑的是(　　)。

A. 固定资产原值　　B. 固定资产预计净残值

C. 固定资产使用年限　　D. 固定资产实际净残值

17. 某企业2024年5月期初固定资产原值为100 000万元，5月增加了一项固定资产入账，价值为500万元；同时5月份减少了固定资产原值600万元。则5月份该企业应计提折旧的固定资产原值为(　　)万元。

A. 100 000　　B. 100 500　　C. 99 900　　D. 99 400

18. 下列对固定资产折旧方法中，初期不需要考虑固定资产净残值的方法是(　　)。

A. 工作量法　　B. 年限平均法　　C. 双倍余额递减法　　D. 年数总和法

19. 下列固定资产中，应计提折旧的是(　　)。

A. 经营租赁方式租入经改良后达到预定可使用状态的固定资产

B. 闲置的房屋

C. 已提足折旧继续使用的房屋

D. 经营租赁租入的房屋

20. 在核算盘盈的固定资产时，应贷记的会计科目是(　　)。

A. 在建工程　　B. 待处理财产损溢　　C. 以前年度损益调整　　D. 管理费用

二、多项选择题

21. 企业计算固定资产折旧的主要依据有(　　)。

A. 固定资产的使用年限　　B. 固定资产的原值

C. 固定资产的净残值　　D. 固定资产的使用部门

22. 下列固定资产应计提折旧的有(　　)。

A. 融资租入的固定资产

B. 按规定单独估价作为固定资产入账的土地

C. 大修理停用的固定资产

D. 未使用的机器设备、房屋及建筑物

23. 下列事项中，应对固定资产账面价值进行调整的有(　　)。

A. 盘亏固定资产

B. 企业通过对自有固定资产进行改良，符合资本化条件

C. 确定原暂估入账固定资产的实际成本

D. 企业通过对经营租入的设备进行改良，符合资本化条件

24. 下列固定资产中应计提折旧的有(　　)。

A. 融资租赁方式租入的固定资产

B. 按规定单独估价作为固定资产入账的土地

C. 以经营租赁方式租出的固定资产

D. 以经营租赁方式租入的固定资产

25. 在采用自营方式建造固定资产的情况下，下列项目中应计入固定资产取得成本的有(　　)。

A. 工程人员的应付职工薪酬　　B. 工程耗用原材料时发生的增值税

C. 工程领用本企业商品产品的实际成本　　D. 生产车间为工程提供水电等费用

26. 下列固定资产应计提折旧的有(　　)。

A. 已全额计提折旧的固定资产　　B. 融资租入的固定资产

C. 闲置不需用的机器　　D. 待售的固定资产

27. 按照现行会计制度的规定，企业可以采用的固定资产折旧方法有(　　)。

A. 工作量法　　B. 年限平均法

C. 年数总和法　　D. 双倍余额递减法

28. 计提固定资产折旧应借记的会计科目有(　　)。

A. 制造费用　　B. 销售费用　　C. 管理费用　　D. 其他业务成本

29. 下列各项固定资产中，企业应于当月计提折旧的有(　　)。

A. 本月到期报废的运输工具

和2024年年折旧额。

(4) 假定2019年12月10日安装完毕并交付使用，采用双倍余额递减法计算2020—2024年年折旧额。

(答案中的金额以元为单位且计算结果保留两位小数)

34. 淮河公司为增值税一般纳税人，适用的增值税税率为13%。有关资料如下：

(1) 2022年8月6日，购入一台需要安装的生产用机器设备，取得的增值税专用发票上注明的设备价款为3 900万元，增值税进项税额为507万元；支付的运输费为98万元，增值税8.82万元，款项已通过银行支付。安装设备时，领用一批原材料，价值700万元；领用本公司所生产的一批产品，成本为930万元，计税价格1 000万元，消费税税率为10%，支付安装工人的薪酬为72万元；假定不考虑其他相关税费。

(2) 2022年9月8日达到预定可使用状态，预计使用年限为10年，净残值为200万元，采用年限平均法计算年折旧额。

(3) 2023年年末，公司在进行检查时发现该设备有可能发生减值，现时的销售净价为4 200万元，未来持续使用以及使用寿命结束时的处置中形成的现金流量现值为4 500万元。计提固定资产减值准备后，固定资产折旧方法、预计使用年限均不改变，但预计净残值变更为300万元。

(4) 2024年4月30日，公司决定对现有设备进行改扩建，以提高其生产能力。同日将该设备账面价值转入在建工程。

(5) 2024年5月1日，以出包方式进行改扩建，预付工程款1 500万元，均通过银行结算。

(6) 2024年6月30日，根据工程进度结算工程款1 560万元，差额通过银行结算。

(7) 2024年7月进行负荷联合试车发生的费用，以银行存款支付100万元，试车形成的产品对外销售，价款120万元，增值税为15.6万元，均以银行存款结算。

(8) 2024年7月31日改扩建工程达到预定可使用状态后，改扩建后固定资产包含的经济利益的预期实现方式有重大改变，改按新的折旧方法(年数总和法)计提折旧，同时对预计使用寿命进行复核，预计尚可使用年限为5年，预计净残值不变仍然为300万元。

要求：

(1) 编制固定资产安装及安装完毕的有关会计分录。

(2) 计算2022年折旧额并编制会计分录。

(3) 计算2023年应计提的固定资产减值准备并编制会计分录。

(4) 计算设备改扩建前2024年折旧额。

(5) 编制有关固定资产改扩建的会计分录。

(6) 计算2024年应计提的折旧额。

(答案中的金额以万元为单位)

35. 北方股份有限公司(以下简称北方公司)为注册地在北京市的一家上市公司，其2020年至2024年与固定资产有关的业务资料如下：

(1) 2020年10月10日，北方公司购进一台需要安装的设备，取得的增值税专用发票上注明的设备价款为500万元，增值税为65万元，另发生运输费和保险费2万元(取得增值税普通发票)，款项以银行存款支付；没有发生其他相关税费。安装设备时，领用原材料一批，价值为10万元，购进该批原材料时支付的增值税进项税额为1.3万元；支付安装工人的工资为13万元。该设备于2020年12月10日达到预定可使用状态并投入行政管理部门使用，预计使用年限为10年，预计净残值为10万元，采用年限平均法计提折旧。

(2) 2021年12月31日，北方公司对该设备进行检查时发现其已经发生减值，预计可收回

A. 150　　　B. 50　　　C. 100　　　D. 200

8. 下列关于处置投资性房地产的会计处理中，表述不正确的是(　　)。

A. 采用成本模式计量的投资性房地产，企业处置时应将其账面价值转入其他业务成本

B. 企业处置投资性房地产时，应当将取得的价款计入其他业务收入

C. 采用公允价值模式计量的投资性房地产，企业处置时，应将原转换日计入其他综合收益的金额转入投资收益

D. 采用公允价值模式计量的投资性房地产，企业处置时，应将累计公允价值变动转入其他业务成本

9. 2023 年 7 月 1 日，甲公司外购一栋写字楼并于当日直接出租给乙公司使用，租赁期为 6 年，每年租金为 120 万元。甲公司对投资性房地产采用公允价值模式进行后续计量，该写字楼的成本为 15 000 万元。2023 年 12 月 31 日，该写字楼的公允价值为 15 100 万元。不考虑相关税费，则该项投资性房地产对甲公司 2023 年度利润总额的影响金额为(　　)万元。

A. 100　　　B. 260　　　C. 220　　　D. 160

10. 关于成本模式后续计量的投资性房地产与非投资性房地产之间的转换，下列说法中正确的是(　　)。

A. 应当将房地产转换前的公允价值作为转换后的入账价值

B. 应当将房地产转换日的账面价值作为转换后的账面价值

C. 应当将转换日的公允价值与账面价值之间的差额计入公允价值变动损益

D. 应当将转换日的公允价值与账面价值之间的差额计入其他综合收益

11. 2023 年 8 月 1 日，甲公司将某厂房对外出租并采用公允价值模式进行后续计量，该厂房的成本为 8 000 万元，累计已计提折旧 3 000 万元，未计提减值准备。租赁期开始日该厂房的公允价值为 10 000 万元。2023 年 12 月 31 日，该厂房的公允价值为 10 200 万元。甲公司该厂房在 2023 年 12 月 31 日资产负债表中列示的金额为(　　)万元。

A. 5 000　　　B. 8 000　　　C. 10 200　　　D. 10 000

12. 企业出售、转让投资性房地产时，应将所处置的投资性房地产账面价值计入(　　)。

A. 其他业务成本　　　B. 营业外支出　　　C. 管理费用　　　D. 其他综合收益

13. 下列关于投资性房地产的表述中，不正确的是(　　)。

A. 投资性房地产后续计量可采用成本模式或者公允价值模式

B. 投资性房地产发生减值迹象均要计提减值准备

C. 同一企业只能采用一种模式对所有投资性房地产进行后续计量

D. 企业对投资性房地产的计量模式一经确定，不得随意变更

14. 企业对采用成本模式进行后续计量的投资性房地产取得的租金收入，应贷记(　　)科目。

A. 营业外收入　　　B. 其他综合收益　　　C. 其他业务收入　　　D. 投资收益

15. 投资性房地产的后续计量从成本模式转为公允价值模式的，转换日投资性房地产的公允价值高于其账面价值的差额会对财务报表(　　)项目产生影响。

A. 其他业务收入　　　B. 营业外收入　　　C. 其他综合收益　　　D. 盈余公积

16. 甲公司2024年10月将采用成本模式计量的投资性房地产转为自用固定资产，转换日该固定资产的公允价值为2 200万元，转换日之前“投资性房地产”科目余额为2 300万元，“投资性房地产累计折旧”科目金额为200万元，则转换日会计处理中，不正确的是(　　)。

A. 固定资产的入账价值为2 300万元，同时冲减投资性房地产2 300万元

B. 冲减投资性房地产累计折旧200万元，同时增加累计折旧200万元

C. 不确认转换损益

D. 确认转换损益100万元

17. 2022年12月31日，甲企业与乙企业的一项厂房租赁合同到期，甲企业于当日起对厂房进行改扩建，并与乙企业签订了续租合同，约定自改扩建完工时将厂房继续出租给乙企业。2023年12月31日厂房改扩建工程完工，共发生支出500万元，符合资本化条件，当日出租给乙企业。甲企业取得该厂房时的成本为4 000万元，假设甲企业采用成本模式计量，截至2022年12月31日已计提折旧600万元。不考虑其他因素，下列说法中错误的是(　　)。

A. 改扩建期间不对该厂房计提折旧

B. 发生的改扩建支出应计入投资性房地产成本

C. 2022年12月31日资产负债表上列示该投资性房地产账面价值为0

D. 2023年12月31日资产负债表上列示该投资性房地产账面价值为3 900万元

18. 企业将自用厂房转换为采用公允价值模式进行后续计量的投资性房地产时，转换日厂房公允价值小于账面价值的差额应当计入(　　)。

A. 公允价值变动损益　　B. 其他综合收益

C. 营业外收入　　D. 投资收益

19. 投资性房地产不满足资本化条件的后续支出，在发生时应记入(　　)科目。

A. 管理费用　　B. 其他业务成本　　C. 营业外支出　　D. 销售费用

20. 下列关于投资性房地产的表述中，正确的是(　　)。

A. 处置时的净损益计入资产处置损益

B. 出租的租金收入计入营业外收入

C. 公允价值模式可以转为成本模式计量

D. 成本模式计量下，应按相关规定计提折旧

二、多项选择题

21. 下列项目中，不属于投资性房地产的有(　　)。

A. 持有以备增值后转让的土地使用权

B. 房地产企业拥有并自行经营的饭店

C. 企业将办公楼出租并向承租人提供保安、维修等辅助服务

D. 房地产开发企业持有以备出售的商品房

22. 下列有关投资性房地产的说法中，正确的有(　　)。

A. 公允价值模式下，投资性房地产不计提折旧或摊销

B. 将建筑物停止自用改为出租时，其转换日为租赁期开始日

C. 成本模式下，将建筑物停止自用改为出租，应确认转换损益

D. 将自用房地产转换为采用公允价值模式计量的投资性房地产，不会影响当期损益

12 月 31 日为租赁期开始日。该办公楼成本为 1 000 万元，预计使用年限为 20 年，已计提固定资产折旧 150 万元，预计净残值为零，采用直线法计提折旧。

（2）2021 年，甲公司支付办公楼的修理费用 2 万元。

（3）假定 2023 年 12 月 31 日租赁期满后，甲公司将其直接对外出售，售价为 1 200 万元（不含增值税），当日收到价款，并办理产权转移手续。

（4）假定 2023 年 12 月 31 日租赁期满后，为提高租金收入，甲公司决定对该办公楼进行改扩建，并与丙公司签订了经营租赁合同，约定在改扩建完工时将办公楼出租给丙公司，随即启动改扩建工程。2024 年 3 月 31 日，办公楼改扩建工程完工，共发生支出 200 万元，均以银行存款支付，同时出租给丙公司。

要求：

（1）编制甲公司 2020 年 12 月 31 日转换房地产的会计分录。

（2）编制甲公司 2021 年年末收到租金、按年对投资性房地产计提折旧的会计分录。

（3）编制甲公司 2021 年支付办公楼修理费用的会计分录。

（4）根据资料(3)，编制甲公司将办公楼出售的会计分录。

（5）根据资料(4)，编制甲公司有关办公楼改扩建的会计分录。

(答案以万元为单位)

33. 甲公司采用公允价值模式对投资性房地产进行后续计量，有关投资性房地产相关资料如下：

(1) 2020 年 12 月 20 日，与 B 公司签订协议，将自用的办公楼出租给 B 公司，租期为 3 年，每年租金为 500 万元(不含增值税)，于每年年末收取，2021 年 1 月 1 日为租赁期开始日，2023 年 12 月 31 日到期。2021 年 1 月 1 日该办公楼的公允价值为 9 000 万元，账面价值为 10 000 万元，累计已计提折旧为 20 000 万元，未计提减值准备。

(2) 2021 年 12 月 31 日该办公楼的公允价值为 12 000 万元。

(3) 2022 年 12 月 31 日该办公楼的公允价值为 18 000 万元。

(4) 2023 年 12 月 31 日租赁协议到期，甲公司将办公楼出售，取得价款 30 000 万元(不含增值税)。

要求：

(1) 编制甲公司 2021 年 1 月 1 日转换房地产的会计分录。

(2) 编制甲公司 2021 年 12 月 31 日收到租金、公允价值变动的会计分录。

(3) 编制甲公司 2022 年 12 月 31 日公允价值变动的会计分录。

(4) 编制甲公司 2023 年 12 月 31 日出售投资性房地产的相关会计分录。

(答案以万元为单位)

8. 接受投资者投入的无形资产，应按(　　)入账。

A. 同类无形资产的价格

B. 该无形资产可能带来的未来现金流量之和

C. 投资各方合同或协议约定的公允价值

D. 投资方无形资产账面价值

9. A 公司 2024 年 2 月购买一项专利技术，未支付价款；2024 年 3 月支付全部价款；2024 年 4 月开始进行该项专利技术的测试，2024 年 5 月完成该专利技术测试任务，其达到能够按管理层预定的方式运作所必需的状态。则无形资产的摊销期开始的时间为(　　)。

A. 2024 年 2 月　　B. 2024 年 3 月　　C. 2024 年 4 月　　D. 2024 年 5 月

10. 甲公司 2024 年 1 月开始自行研发一项专有技术，至 2024 年 5 月 31 日实际发生各种试验费用、材料费用等 120 万元，甲公司确定该项技术已经具有可行性并且能够为企业带来经济利益，2024 年 6 月 1 日至 10 月 31 日甲公司又为开发该技术购买材料支付款项 226 万元，其中包括 26 万元可以抵扣的增值税，支付参与开发人员的薪酬 100 万元，折旧费用 10 万元，2024 年 11 月 1 日该项无形资产开发全部完成并达到预定用途，预计有效使用年限为 5 年，采用直线法摊销，甲公司该项无形资产在 2024 年对管理费用的影响金额是(　　)万元。

A. 120　　B. 130. 33　　C. 188. 80　　D. 131. 47

11. 甲公司在 2017 年 1 月以银行存款 2 000 万元购入一项无形资产。2022 年年末和 2023 年年末，甲公司预计该项无形资产的可收回金额分别为 700 万元和 450 万元。该项无形资产的预计使用年限为 10 年，甲公司于每年年末对无形资产计提减值准备，甲公司计提减值准备后原预计使用年限不变。2024 年 12 月 31 日甲公司预计该无形资产因市场变化将不能给企业带来经济利益，以下会计处理正确的是(　　)。

A. 计提无形资产减值准备 450 万元

B. 计提无形资产减值准备 300 万元

C. 将账面价值 300 万元转入营业外支出

D. 将账面价值 475 万元转入营业外支出

12. 2024 年 7 月，某制造业企业转让一项专利权，开具的增值税专用发票上注明的价款为 100 万元，增值税为 6 万元，全部款项已存入银行，该专利权成本为 200 万元，已摊销 150 万元。不考虑其他因素，该企业转让专利权对利润总额的影响金额为(　　)万元。

A. 56　　B. −94　　C. 50　　D. −100

13. 甲企业 2024 年 3 月 1 日以 800 万元购入一项商标权，合同规定使用年限为 8 年，期满后可续约 1 年且不需要甲企业支付大额成本，法律规定该商标权有效使用年限为 10 年。甲企业另自行研发一项非专利技术在 2024 年 7 月 1 日达到预定用途，初始计价 560 万元，该项非专利技术无法预计使用寿命，则甲企业 2024 年 12 月 31 日资产负债表“无形资产”项目应列示的金额是(　　)万元。

A. 716. 67　　B. 1 276. 67　　C. 1 285. 93　　D. 725. 93

14. 下列事项中，不会影响当期利润表中营业利润的是(　　)。

A. 计提无形资产减值准备

B. 新技术项目研究过程中发生的人工费用

C. 出租无形资产取得的租金收入

D. 接受其他单位捐赠的专利权

15. 2020 年 1 月 1 日，甲公司从外单位购入一项无形资产，支付价款 1 100 万元，估计该无形资产的使用寿命为 5 年，该无形资产存在活跃市场，且预计该活跃市场在该无形资产使用寿命结束时仍可能存在，经合理估计，该无形资产的预计残值为 100 万元。该无形资产采用直线法按年摊销，每年年末对其摊销方法进行复核。2023 年年末，由于市场发生变化，经复核重新估计，该无形资产的预计残值为 350 万元，则 2024 年，该无形资产的摊销额为(　　)万元。

A. 200　　B. 0　　C. 170　　D. 220

16. 下列关于无形资产的说法中，错误的是(　　)。

A. 购买无形资产的价款超过正常信用条件延期支付，实质上具有融资性质的，无形资产的成本以购买价款的现值为基础确定

B. 使用寿命有限的无形资产，各期末也应进行减值测试

C. 使用寿命有限的无形资产，其净残值一般应视为零

D. 在对无形资产的残值进行期末复核时，如果无形资产的残值重新估计以后高于其账面价值的，则无形资产不再摊销，直至残值降至低于账面价值时再恢复摊销

17. 某公司于 2020 年 1 月 1 日购入一项无形资产，初始入账价值为 300 万元。该无形资产预计使用年限为 10 年，采用直线法摊销。该无形资产 2020 年 12 月 31 日预计可收回金额为 261 万元，2021 年 12 月 31 日预计可收回金额为 224 万元。假定该公司于每年年末计提无形资产减值准备，计提减值准备后该无形资产原预计使用年限、摊销方法不变。该无形资产在 2024 年 6 月 30 日的账面价值为(　　)万元。

A. 210　　B. 212　　C. 225　　D. 226

18. 某股份有限公司于 2024 年 7 月 1 日，以 50 万元的价格转让一项无形资产，同时发生相关税费 3 万元。该无形资产系 2021 年 7 月 1 日购入并投入使用，其入账价值为 300 万元，预计使用年限为 5 年，法律规定的有效年限为 6 年。该无形资产按直线法摊销。转让该无形资产发生的净损失为(　　)万元。

A. 70　　B. 73　　C. 100　　D. 103

19. 甲公司一项无形资产的账面原值为 1 600 万元，摊销年限为 10 年，预计净残值为 0，采用直线法摊销，截至 2024 年 12 月 31 日已摊销 5 年。2024 年 12 月 31 日经减值测试，该无形资产的可收回金额为 750 万元。假设不考虑其他因素，2024 年 12 月 31 日甲公司该项无形资产应计提的减值准备为(　　)万元。

A. 800　　B. 50　　C. 750　　D. 1 550

20. 某企业对外出租一项商标权的使用权，协议约定租期为 5 年，每月月末收取使用费 2 000 元，开具的增值税专用发票上注明的增值税为 120 元。该商标权的月摊销额为1 500 元。不考虑其他因素，该企业商标权每月应计入其他业务成本的金额为(　　)元。

A. 2 000　　B. 1 620　　C. 1 500　　D. 1 380

32. 甲公司为一项新产品专利技术进行研究开发活动。2024 年发生业务如下：

(1) 1 月，为获取知识而进行的活动发生差旅费 20 万元，以现金支付。

(2) 3 月，为改进材料、设备而发生费用 30 万元，以银行存款支付。

(3) 6 月，在开发过程中发生材料费 40 万元、人工工资 30 万元，以及以银行存款支付其他费用 30 万元，合计 100 万元，其中，符合资本化条件的支出为 80 万元。

(4) 7 月，该专利技术已经达到预定用途，并交付生产车间用于产品。预计使用年限为 5 年，采用直线法摊销。

要求：编制研发支出相关会计分录以及 2024 年无形资产摊销的会计分录。

(假定无形资产按年摊销)

33. 某公司2017年至2018年研究开发一项非专利技术，业务如下：

(1) 2017年1—12月发生各项研究、调查、试验等费用200万元，在2017年12月31日，该公司已经可以证实该项新工艺必然开发成功并满足无形资产确认标准。

(2) 2018年1—12月进入开发阶段，发生材料费用、直接参与开发人员的工资、场地设备等租金和注册费等支出500万元。2018年12月30日该项非专利技术开发完成，由于该项无形资产不是来源于合同性权利或其他法定权利，且无法用其他市场条件判断其寿命，属于使用寿命不确定的非专利技术。

(3) 2020年年末该公司根据该项非专利技术未来发展趋势判断其尚可使用期限为4年，采用直线法摊销。预计该项无形资产可收回金额为700万元。

(4) 2023年年末确认该项无形资产可收回金额100万元。

假设该项无形资产应按年摊销，摊销额计入管理费用。

要求：

(1) 编制2017年研究开发非专利技术发生相关费用的会计分录。

(2) 编制2018年进入研究阶段的会计分录。

(3) 编制无形资产达到预定可使用状态的会计分录。

(4) 计算2023年摊销额并编制会计分录。

(5) 计算2023年应计提的减值准备并编制会计分录。

(6) 计算2024年摊销额并编制会计分录。

A. 20　　B. 25　　C. 24　　D. 19

7. 2024年1月1日，甲公司购入乙公司2023年1月1日发行面值1 000万元、期限3年、票面年利率5%、次年1月5日付息的债券，甲公司将其划分为以摊余成本计量的金融资产，实际支付的价款3 000万元(含已到付息期但尚未领取的债券利息50万元，交易费用10万元)。市场实际利率为6%；2024年1月5日收到购买价款中包含的债券利息50万元。甲公司2024年12月31日应确认的投资收益为(　　)万元。

A. 176.4　　B. 180　　C. 177　　D. 200

8. 金融资产减值记入(　　)损益类账户中。

A. 资产减值损失　　B. 坏账准备

C. 信用减值损失　　D. 合同资产减值准备

9. 2024年1月1日，甲公司购入乙公司2024年1月1日发行面值100万元、期限3年、票面年利率5%、次年1月30日付息的债券，甲公司按规定将其划分为以公允价值计量且其变动计入其他综合收益的金融资产，实际支付的价款105万元(含交易费用5万元)。市场实际利率为6%；2024年12月31日公允价值为130万元。甲公司2024年12月31日应确认的其他综合收益为(　　)万元。

A. 借方23.7　　B. 借方6.3　　C. 贷方23.7　　D. 贷方6.3

10. 出售其他权益工具投资产生的实际收到的金额与其账面价值之间的差额应记入(　　)账户中。

A. 其他综合收益　　B. 信用减值损失　　C. 投资收益　　D. 留存收益

11. M公司以赚取价差为目的于2023年4月1日购入N公司的债券，该债券面值为100万元、票面利率为6%、每半年付息一次。N公司本应于2023年6月1日偿付的利息直至6月30日才予以支付。M公司支付买价110万元，另支付交易费用0.9万元。2023年6月30日该债券的公允价值为98万元。2023年12月31日债券的公允价值为95万元。M公司2023年12月1日和2024年6月1日均如期收到利息。2024年6月25日M公司抛售此投资，售价为88万元，交易费用1万元。不考虑其他因素，M公司因该投资产生的累计投资收益为(　　)万元。

A. -8.9　　B. -9　　C. -7　　D. 8.9

12. 2023年5月1日，甲公司支付价款900万元(含交易费用5万元)购入乙公司股票，甲公司将其指定为其他权益工具投资，7月30日，公允价值为910万元，12月31日，以920万元售出。甲公司按照净利润的10%提取法定盈余公积，不考虑其他因素，甲公司因该投资产生的利润分配为(　　)万元。

A. 7　　B. 8　　C. 9　　D. 18

13. 2023年5月10日，甲公司以银行存款1 005万元购入乙公司股票，将其作为交易性金融资产核算。其中，支付价款中包含已宣告但尚未发放的现金股利40万元。甲公司另以转账支付交易费用1万元。2023年6月30日，甲公司收到现金股利40万元。2023年12月31日，该项资产公允价值为1 100万元。不考虑其他因素，甲公司2023年因该项投资对营业利润的影响金额是(　　)万元。

A. 135　　B. 134　　C. 136　　D. 137

14. 下列各项交易或事项中，将导致企业所有者权益总额变动的是(　　)。

A. 其他债券投资发生减值

B. 收到已宣告但尚未发放的现金股利

C. 其他权益工具投资的公允价值发生变动

D. 宣告发放股票股利

资料：甲公司于2023年1月1日购入乙公司于1月1日发行的公司债券，该债券的面值为1 000万元、票面利率为9%、期限为3年、每半年付息、到期还本。甲公司将该项投资确认为债权投资。甲公司支付了买价1 200万元，另支付经纪人佣金10万元。该债券的实际利率为6.5%。2023年年末乙公司因债务状况恶化，预计无法全额兑现此债券的本金，但利息仍可按期支付，甲公司计提信用减值损失80万元。2024年年初甲公司变更了其管理该债券投资的业务模式，将该项债权投资重分类为其他债权投资，重分类当日其公允价值为1 000万元。2024年6月5日，公允价值为1 350万元。若不考虑其他因素，完成以下题目。

15. 2023年年初债权投资的入账成本为(　　)万元。

A. 1 212　　B. 1 000　　C. 1 200　　D. 1 210

16. 2023年6月30日的利息投资收益为(　　)万元。

A. 40　　B. 78.65　　C. 39.33　　D. 39.5

17. 2023年该金融资产的信用损失应记入(　　)账户中。

A. 投资收益　　B. 其他综合收益

C. 资产减值损失　　D. 债权投资减值准备

18. 2024年重分类日其他债权投资的账面价值为(　　)万元。

A. 1 000　　B. 920　　C. 900　　D. 1 270

19. 2024年重分类日计入其他综合收益的是(　　)万元。

A. 198.65　　B. 80　　C. 118.65　　D. 278.65

20. 2023年因公允价值引起的变动额记入(　　)账户中。

A. 投资收益　　B. 其他综合收益

C. 公允价值变动损益　　D. 利润分配—未分配利润

二、多项选择题

21. 下列各项中，属于金融资产的有(　　)。

A. 银行存款　　B. 应收账款　　C. 债权投资　　D. 衍生金融资产

22. 下列各项中能够重分类的有(　　)。

A. 交易性金融资产　　B. 其他债券投资

C. 债权投资　　D. 其他权益工具投资

23. 下列各项中，属于取得金融资产交易费用的有(　　)。

A. 支付代理机构佣金　　B. 印花税

C. 债券溢价　　D. 支付咨询公司手续费

24. 下列关于金融资产重分类的论断中，正确的有(　　)。

A. 以摊余成本计量的金融资产重分类为以公允价值计量且其变动计入当期损益的金融资产的，应当按照重分类日的公允价值计量，原账面价值与公允价值之间的差额计入当期损益

32. 2024 年 1 月 1 日，甲公司从二级市场上购入乙公司于 2023 年 1 月 1 日公开发行的债券 5 000 张，每张面值 100 元，其票面年利率为 6%，市场年利率为 5%，每年 1 月 1 日支付利息。购入时支付款项 55.5 万元(含已到付息期但尚未领取的债券利息 3 万元)，另支付相关费用 1.5 万元，上述款项均以银行存款支付。甲公司对其购入该债券的业务管理模式是以收取合同现金流量为目的。该债券的合同条款规定，在特定日期产生的现金流量，仅为对本金和以未偿付本金金额为基础的利息的支付。假定不考虑相关税费及其他因素。

要求：

（1）请判断甲公司应将上述金融资产分为哪一类，并说明理由。

（2）请计算上述金融资产的入账金额。

（3）请计算出该金融资产 2024 年年底的摊余成本。

（4）请作相关账务处理。

四、业务题

33.(1) 2023 年 5 月 1 日，甲公司支付价款 1 024 万元(含交易费用 4 万元和已宣告发放现金股利 20 万元)，购入乙公司发行的股票 200 万股，占乙公司有表决权股份的 1%。

甲公司根据其管理乙公司股票的业务模式和乙公司股票的合同现金流量特征，将乙公司股票分类为以公允价值计量且其变动计入当期损益的金融资产。

(2) 2023 年 5 月 10 日，甲公司收到乙公司发放的现金股利 20 万元。

(3) 2023 年 7 月 30 日，该股票市价为每股 6 元。

(4) 2023 年 12 月 31 日，甲公司仍持有该股票；当日，该股票市价为每股 4.2 元。

(5) 2024 年 5 月 1 日，乙公司宣告发放股利 1 000 万元。

(6) 2024 年 5 月 15 日，甲公司收到乙公司发放的现金股利。

(7) 2024 年 5 月 20 日，甲公司由于某特殊原因，以每股 4.9 元的价格将股票全部转让。

要求：假定不考虑其他因素，请编制甲公司相关的账务处理。

34. 2024 年 1 月 1 日，甲公司从二级市场上购入乙公司于当日公开发行的债券 1 万张，每张面值 100 元，其票面年利率为 7%，市场年利率为 6%，每年 1 月 1 日支付利息。购入时支付款项 100 万元，另支付相关费用 5 万元，上述款项均以银行存款支付。甲公司对其购入该债券的业务管理模式是以收取合同现金流量为目的。该债券的合同条款规定，在特定日期产生的现金流量，仅为对本金和以未偿付本金金额为基础的利息的支付。甲公司将该金融资产分类为以摊余成本计量的金融资产。假定不考虑相关税费及其他因素。

资料如下：

(1) 2024 年 1 月 1 日，预计信用损失为 20 万元，并收到相关利息。

(2) 2024 年 6 月 1 日，上述金融资产的业务管理模式改为以收取合同现金流量和出售为目的，甲公司将其重分类为以公允价值计量且其变动计入其他综合收益的金融资产，当日的公允价值为 120 万元。

(3) 2024 年 9 月 1 日，公允价值为 130 万元。

(4) 2024 年 12 月 1 日，将其以公允价值 125 万元售出。

(5) 2024 年 12 月 31 日，确认乙公司债券实际利息投资收益。

要求：请根据上述资料，完成金融资产初始计量及后续计量的相关的计算与账务处理。

8. 2024 年 1 月 1 日，甲公司以银行存款 2 000 万元取得乙公司 10%有表决权的股份，对乙公司有重大影响，采用权益法核算；乙公司当日可辨认净资产的公允价值为10 000 万元，当年年末乙公司实现净利润 5 000 万元。不考虑其他因素，当年年底，甲公司该项投资在资产负债表中应列示的年末余额为(　　)万元

A. 2 000　　B. 2 100　　C. 2 400　　D. 2 500

9. 甲公司 2023 年 1 月 1 日取得乙公司 35%的股权，能够对乙公司施加重大影响，后续计量采用权益法。公司支付价款 5 000 万元，当日乙公司可辨认净资产的账面价值为 8 000 万元(与公允价值相等)。2023 年乙公司实现净利润 2 000 万元。不考虑其他因素，则甲公司 2023 年应确认的投资收益为(　　)万元。

A. 700　　B. 0　　C. 750　　D. 150

10. 甲公司 2023 年 1 月 1 日取得乙公司 35%的股权，采用权益法进行后续计量。2023 年乙公司实现净利润 1 000 万元，乙公司确认的其他综合收益为 2 000 万元。不考虑其他因素，则甲公司 2023 年应确认的其他综合收益为(　　)万元。

A. 350　　B. 1 050　　C. 750　　D. 0

11. 甲公司 2023 年 1 月 1 日取得乙公司 25%的股权，采用权益法进行后续计量。2023 年乙公司实现净利润 2 000 万元，乙公司其他债权投资的公允价值上升 100 万元。不考虑其他因素，则甲公司 2023 年应确认的其他综合收益为(　　)万元。

A. 350　　B. 500　　C. 750　　D. 25

12. 下列选项中，投资方对其持有的长期股权投资应采用成本法进行后续计量的是(　　)。

A. 投资方持有股权能对被投资方实施控制

B. 投资方持有股权能对被投资方实施共同控制

C. 投资方持有股权能对被投资方施加重大影响

D. 投资方持有股权对被投资方既不能实施控制也不能实施共同控制和重大影响

13. 成本法下，(　　)，投资单位需要进行相关账务处理。

A. 被投资单位实现净亏损　　B. 被投资单位收到的其他综合收益

C. 被投资单位销售货物　　D. 被投资单位宣告发放现金股利

14. 权益法下，被投资单位确认的其他综合收益及其变动的账务处理是(　　)。

A. 借：长期股权投资—损益调整
　　贷：投资收益

B. 借：长期股权投资—其他综合收益
　　贷：投资收益

C. 借：长期股权投资—其他综合收益
　　贷：其他综合收益

D. 借：长期股权投资—其他综合收益
　　贷：资本公积—其他资本公积

15. 2024 年 5 月 1 日，甲公司将其持有的一项以权益法核算的长期股权投资全部出售，取得价款 1 500 万元，当日办妥相关手续。出售时，该项长期股权投资的账面价值为 1 000 万元，其中投资成本为 700 万元，损益调整为 200 万元，可重分类进损益的其他综合收益为 100 万元，不考虑增值税等相关税费及其他因素。甲公司处置该项股权投资应确认的投资收益为(　　)万元。

A. 300　　B. 500　　C. 600　　D. 800

16. 甲公司 2024 年 1 月 1 日向丁公司定向增发 1 000 万股普通股，从丁公司手中换取乙

公司90%的股权，并于当日办理完转让手续。甲公司能够对乙公司的生产经营决策实施控制。甲公司发行的股票面值为1元/股，发行价格为2元/股，当日乙公司可辨认净资产公允价值为4 000万元、账面价值为3 000万元，甲公司为发行股票支付给券商的佣金及手续费30万元。甲公司、乙公司以及丙公司交易之前不存在任何关联方关系。不考虑其他因素，甲公司取得该项长期股权投资应确认的资本公积的金额为(　　)万元。

A. 1 970　　B. 970　　C. 2 970　　D. 3 970

17. 成本法下，长期股权投资持有期间发生减值的会计分录为(　　)。

A. 借：信用减值损失
　　贷：投资收益

B. 借：资产减值损失
　　贷：其他综合收益

C. 借：资产减值损失
　　贷：长期股权投资减值准备

D. 借：信用减值损失
　　贷：长期股权投资减值准备

18. 甲公司2023年购入乙公司70%的股权，能够对乙公司实施控制，采用成本法核算。乙公司当年实现净利润200万元，其他综合收益增加100万元，发放现金股利40万元。不考虑其他因素，甲公司当年因持有乙公司股权确认的损益为(　　)万元。

A. 140　　B. 70　　C. 28　　D. 98

19. 权益法下，投资企业对于被投资单位除净损益、其他综合收益以及利润分配以外的所有者权益的其他变动，按所持股权比例计算应享有的份额记入(　　)账户中。

A. 投资收益　　B. 其他综合收益

C. 长期股权投资减值准备　　D. 资本公积—其他资本公积

20. 甲公司持有乙公司30%的股权，对乙公司具有重大影响。截至2023年12月31日，该项长期股权投资的账面价值为1 250万元，其中投资成本为900万元，损益调整为200万元，其他权益变动为150万元。2024年1月1日，甲公司处置了该项长期股权投资的1/2，处置价款为800万元，处置这部分股权投资后，甲公司仍持有乙公司15%的股权，不再对乙公司具有重大影响，甲公司将剩余股权投资划分为以公允价值计量且其变动计入当期损益的交易性金融资产。处置当日，剩余股权的公允价值为800万元。不考虑其他因素，甲公司在处置当日应确认的损益金额为(　　)万元。

A. 175　　B. 340　　C. 500　　D. 690

二、多项选择题

21. 下列可以通过"长期股权投资"核算的业务有(　　)

A. 对子公司的投资　　B. 在二级市场购入的用于赚取差价的股票

C. 对合营企业的投资　　D. 对联营企业的投资

22. 权益法下，长期股权投资所涉及的账户有(　　)。

A. 长期股权投资—投资成本　　B. 长期股权投资—损益调整

C. 长期股权投资—其他权益变动　　D. 长期股权投资—其他综合收益

23. 权益法下，会引起长期股权投资账面价值发生变动的有(　　)。

A. 被投资单位实现净利润　　B. 被投资单位发行一般公司债券

C. 被投资单位提取法定盈余公积　　D. 被投资单位宣告发放现金股利

24. 下列交易或事项中，长期股权投资采用成本法核算时应进行相关账务处理的有(　　)。

32. 2022 年至 2023 年，甲公司发生的与股权投资相关的交易或事项如下：

资料 1：2022 年 1 月 1 日，甲公司以定向发行每股面值为 1 元、公允价值为 2 元的 1 000 万普通股作为对价，取得非关联企业乙公司 15%有表决权的股份，并能对乙公司的经营决策施加重大影响。取得投资日，乙公司可辨认净资产的账面价值为 14 000 万元，各项可辨认资产、负债的公允价值均与其账面价值相同。

资料 2：2022 年 6 月 20 日，乙公司将其成本为 10 万元的 A 商品以 20 万元的价格出售给甲公司。截至 2022 年 12 月 31 日，甲公司向非关联方累计售出该商品 100%，未发生减值。

资料 3：2022 年度，乙公司实现的净利润为 5 000 万元，因持有一项金融资产的公允价值上升增加其他综合收益 200 000 元(可重分类为损益)，未发生其他影响乙公司所有者权益变动的交易或事项。

资料 4：2023 年 1 月 1 日，甲公司向非关联方出售乙公司二分之一的股份，取得价款 30 000 万元，价款已收。剩余的股权采取交易性金融资产核算，当日公允价值 30 000 万元。

甲公司和乙公司采用的会计政策、会计期间相同；不考虑增值税、所得税等其他因素。

要求：

(1) 编制甲公司 2022 年 1 月 1 日取得乙公司股权投资的会计分录。

(2) 计算甲公司 2022 年度应确认的投资收益和应享有乙公司其他综合收益变动的金额，并编制相关会计分录。

(3) 计算甲公司 2023 年 1 月 1 日处置股权投资交易对公司营业利润的影响额，并编制处置股权投资相关的会计分录。

四、业务题

33. 2022年至2024年，甲公司发生如下与长期股权投资有关的经济业务：

(1) 2022年5月1日，从证券市场购入乙公司发行在外20%的股份并准备长期持有，从而对乙公司能够施加重大影响，实际支付3 000万元(含已宣告但尚未发放的现金股利100万元)，另支付相关税费20万元。当日乙公司可辨认净资产公允价值为10 000万元。

(2) 2022年5月20日，收到现金股利。

(3) 2022年12月31日，乙公司因增发股份引起资本公积增加500万元。

(4) 2022年，乙公司实现净利润500万元，其中1月到4月共实现净利润150万元。乙公司资产的公允价值与账面价值相等。

(5) 2023年1月10日，乙公司宣告分派现金股利200万元。

(6) 2023年2月25日，收到现金股利。

(7) 2023年，乙公司实现净利润800万元。

(8) 2024年1月2日，将持有的乙公司股份对外转让10%，收到款项1 800万元并存入银行。转让后持有乙公司10%的股份，对乙公司仍具有重大影响。

要求：根据上述经济业务，编制相关的会计分录。

34. 2023年，甲公司发生的与股权投资相关的交易或事项如下：

资料1：甲公司于2023年1月1日自非关联方处取得乙公司70%股权，成本为2 000万元，相关手续于当日完成，并完成支付，能够对乙公司实施控制，甲公司对该投资采用成本法进行后续计量。

资料2：2023年5月6日，乙公司宣告分派现金股利，甲公司按照持股比例可取得140

13. 下列各项中，对企业在生产经营期间的资产负债表日，按合同利率计算的短期借款利息费用的会计处理正确的是(　　)。

A. 借记“财务费用”科目，贷记“短期借款”科目

B. 借记“财务费用”科目，贷记“其他应付款”科目

C. 借记“财务费用”科目，贷记“应付利息”科目

D. 借记“短期借款”科目，贷记“应付利息”科目

14. 预收货款业务不多的企业，可以不设置“预收账款”科目，其所发生的预收货款，可以通过(　　)核算。

A.“应收账款”科目借方　　B.“应付账款”科目借方

C.“应收账款”科目贷方　　D.“应付账款”科目贷方

15. 下列各项中，不需要根据职工提供服务的受益对象来划分，应于发生时直接计入管理费用的是(　　)。

A. 工会经费　　B. 辞退福利　　C. 工伤保险费　　D. 非货币性福利

16. A公司为高管租赁公寓免费使用，按月以银行存款支付租金。此业务应编制的会计分录是(　　)。

A. 借记“管理费用”科目，贷记“银行存款”科目

B. 借记“管理费用”科目，贷记“应付职工薪酬”科目

C. 借记“管理费用”科目，贷记“应付职工薪酬”科目；同时借记“应付职工薪酬”科目，贷记“银行存款”科目

D. 借记“资本公积”科目，贷记“银行存款”科目；同时借记“应付职工薪酬”科目，贷记“资本公积”科目

17. 假设企业每月末计提利息，企业每季度末收到银行寄来的短期借款利息付款通知单时，应贷记(　　)科目。

A. 库存现金　　B. 银行存款　　C. 财务费用　　D. 应付利息

18. 下列各项中，关于应付票据的利息核算，说法正确的是(　　)。

A. 通过“应付利息”科目核算　　B. 通过“应付票据”科目核算

C. 通过“应付账款”科目核算　　D. 通过“其他应付款”科目核算

19. 某公司向职工发放自产的加湿器作为福利，该产品的成本为每台150元，计税价格为200元，增值税税率为13%。共有职工500人，每人发放一台。则计入该公司应付职工薪酬的金额为(　　)元。

A. 113 000　　B. 75 000　　C. 100 000　　D. 92 000

20. 甲公司为增值税一般纳税人，适用的增值税税率为13%。年末将20台本企业自产的空调作为福利发给本企业职工，该空调的生产成本为1 000元/台，市场售价为2 000元/台(不含增值税)。则甲公司实际发放时应计入应付职工薪酬借方的金额为(　　)元。

A. 40 000　　B. 22 600　　C. 42 600　　D. 45 200

二、多项选择题

21. 下列各项中，属于企业应付职工薪酬核算的有(　　)。

A. 工会经费　　B. 企业医务人员的工资

C. 住房公积金　　D. 辞退福利

22. “预收账款”科目贷方登记(　　)。

A. 预收货款的数额

B. 企业向购货方发货后冲销的预收货款的数额

C. 收到购货单位补付货款的数额

D. 退回购货方多付货款的数额

23. 下列关于应付账款的处理中，正确的有(　　)。

A. 货物与发票账单同时到达，待货物验收入库后，按发票账单登记入账

B. 货物已到，但至月末时发票账单还未到达，应在月份终了时暂估入账

C. 应付账款一般按到期时应付金额的现值入账

D. 企业采购业务中形成的应付账款，在确认其入账价值时不需要考虑将要发生的现金折扣

24. 负债的特征包括(　　)。

A. 负债预期会导致经济利益流出企业

B. 负债是企业承担的现时义务

C. 未来流出的经济利益的金额能够可靠地计量

D. 负债是由过去的交易或事项形成的

25. 企业设置的“应交税费—应交增值税”多栏式明细账设置的栏目有(　　)。

A. 销项税额　　B. 进项税额转出

C. 出口退税　　D. 已交税金

26. 下列各项中，属于企业应付职工薪酬的有(　　)。

A. 工会经费　　B. 企业医务人员的工资

C. 住房公积金　　D. 辞退福利

27. 下列行为中按税法要求应做视同销售处理的项目有(　　)。

A. 将自产产品用于在建工程　　B. 将自产产品对外无偿捐赠

C. 将自产产品作为福利分配给职工　　D. 将外购原材料用于在建工程

28. 企业分配工资费用，应贷记“应付职工薪酬”科目，借记的科目可能有(　　)。

A. 生产成本　　B. 销售费用　　C. 财务费用　　D. 管理费用

29. 下列各项中，应通过“其他应付款”科目核算的有(　　)。

A. 应付的租入包装物租金　　B. 应交的教育费附加

C. 应付的客户存入保证金　　D. 应付的经营租入固定资产租金

30. 下列各项中，属于流动负债的有(　　)。

A. 预收账款　　B. 其他应付款

C. 预付账款　　D. 一年内到期的非流动负债

三、计算分析题

31. 某企业根据某月份工资结算凭证汇总的薪酬费用为：基本生产车间生产甲、乙两种产品，生产工人的计时工资共计 39 200 元，管理人员工资 2 840 元。甲产品完工数量为 10 000 件，乙产品完工数量为 8 000 件。单件产品工时定额：甲产品 2.5 小时，乙产品 3 小时。

35. 甲企业于2024年6月1日购入一批A材料，该批材料价款为200 000元，允许抵扣的增值税进项税额为26 000元，企业签发由银行承兑的期限为3个月的银行承兑汇票一张，通过银行转账支付银行承兑汇票的手续费500元。该批材料已验收入库，按实际成本核算。

要求：根据上述资料编制下列会计分录。

(1) 2024年6月1日，购入A材料，签发汇票；

(2) 支付银行承兑汇票手续费；

(3) 2024年9月1日，银行承兑汇票到期，企业支付票款；

(4) 2024年9月1日，银行承兑汇票到期，企业无力支付票款。

36. 其企业2024年12月工资及福利支出如下：

资料1：某企业设一个生产车间和两个辅助车间，只生产甲产品，2024年12月"工资结算汇总表"中内容如下：

工资结算汇总表 2024年12月

部门名称	人员类别	应付工资	代扣款项						实发工资
			社会保险费	市公房房租	个人所得税	市电话费	住房公积金	合计	
生产车间	生产工人	300 000	3 200	600	8 560	5 600	2 500	20 460	279 540
	管理人员	25 000	400	300	1 200	3 000	1 500	6 400	18 600
	小计	325 000	3 600	900	9 760	8 600	4 000	26 860	298 140

续表

部门名称	人员类别	应付工资	代扣款项						实发工资
			社会保险费	市公房房租	个人所得税	市电话费	住房公积金	合计	
装配车间	生产工人	200 000	2 000	400	5 000	4 500	3 500	15 400	184 600
	管理人员	15 000	300	700	1 000	3 500	1 000	6 500	8 500
	小计	215 000	2 300	1 100	6 000	8 000	4 500	21 900	193 100
修理车间	生产工人	100 000	1 000	500	400	3 500	2 500	7 900	92 100
	管理人员	10 000	500	600	700	1 500	3 500	6 800	3 200
	小计	110 000	1 500	1 100	1 100	5 000	6 000	14 700	95 300
企业管理部门		150 000	3 500	4 000	9 500	7 000	5 500	29 500	120 500
专设销售部门		20 000				5 000	3 000	8 000	12 000
	合计	820 000	10 900	7 100	26 360	33 600	23 000	100 960	719 040

资料2：本月按工资总额的2%及8%分别计提工会经费和职工教育经费。

资料3：本月为管理人员发放通信补贴共计576万元，通信补贴随同工资一起发放。

资料4：本月按工资总额的8%计提职工住房公积金。

资料5：本月按工资总额的3%计提职工社会保险费，按2%计提养老保险和失业保险。

资料6：本月以本厂产品发放职工福利共计1 000份，其中生产车间工人600份，车间管理人员50份，销售部门人员200份，管理部门人员150份。该批产品每份成本为600元，对外销售价格为980元，企业适用的增值税税率为13%。

资料7：本月为高层管理人员支付租赁住房房租20 000元。

要求：

(1) 进行本月工资分配及发放的核算。

(2) 进行本月计提工会经费、职工教育经费、社会保险费及住房公积金的核算。

(3) 进行本月职工福利分配及发放的核算。

(4) 进行本月管理人员通信补贴及住房租赁的核算。

B. 采取托收承付方式销售应税消费品的，为收到货款当天

C. 进口应税消费品的，为报关进口的当天

D. 自产自用应税消费品的，为移送使用的当天

9. 甲超市为小规模纳税人，按月纳税，2021 年 11 月，甲超市共取得销售收入 121 200 元，当月购进货物，取得的增值税专用发票上注明税额为 1 000 元，甲超市本月应缴纳增值税(　　)元。

A. 0　　B. 1 200　　C. 200　　D. 3 530

10. 某企业本期实际上交增值税 400 000 元，消费税 100 000 元，土地增值税 100 000 元，该企业适用的城市维护建设税税率为 7%，则该企业应交的城市维护建设税为(　　)元。

A. 21 000　　B. 35 000　　C. 28 000　　D. 42 000

11. 某企业为增值税小规模纳税人，2019 年 8 月购入原材料取得的增值税专用发票注明价款为 10 000 元，增值税为 1 300 元。当月销售产品开具的增值税普通发票注明含税价款为 123 600 元，适用的征收率为 3%。不考虑其他因素，该企业 2019 年 8 月应缴纳的增值税为(　　)元。

A. 3 600　　B. 2 108　　C. 3 708　　D. 2 000

12. 对于预付账款不多的企业，可以将预付账款记入(　　)账户。

A. 应付账款　　B. 应收账款　　C. 其他应收款　　D. 待摊费用

13. 某企业为增值税一般纳税人，在建工程领用自产柴油成本 50 000 元，应交消费税 6 000 元，不考虑其他相关税费，则该企业计入在建工程中的金额为(　　)元。

A. 50 000　　B. 60 200　　C. 66 200　　D. 56 000

14. 下列各项中，应通过“应交税费”科目核算的是(　　)。

A. 增值税一般纳税人进口商品缴纳的关税　　B. 占用耕地缴纳的耕地占用税

C. 购买印花税票缴纳的印花税　　D. 销售应税消费品缴纳的消费税

15. 某企业为增值税一般纳税人，销售产品适用的增值税税率为 13%，原材料按照实际成本核算，2022 年 8 月 20 日，购入一批免税农产品作为原材料，农产品收购发票上注明买价为 200 000 元，规定的扣除率为 9%，货物尚未到达，价款已用银行存款支付，下列各项中，关于企业购入农产品会计处理正确的是(　　)。

A. 借：原材料　　182 000
　　应交税费—应交增值税(进项税额)　　18 000
　　贷：银行存款　　200 000

B. 借：在途物资　　182 000
　　应交税费—应交增值税(进项税额)　　18 000
　　贷：银行存款　　200 000

C. 借：在途物资　　200 000
　　应交税费—应交增值税(进项税额)　　26 000
　　贷：银行存款　　226 000

D. 借：原材料　　200 000
　　应交税费—应交增值税(进项税额)　　26 000
　　贷：银行存款　　226 000

二、多项选择题

16. 下列支付的税金当中，应计入所购货物成本的有(　　)。

A. 小规模纳税人购入生产用原材料所支付的增值税

B. 增值税一般纳税人购入设备等时，增值税专用发票上注明的增值税

C. 购入货物时所支付的价款中包含的消费税

D. 增值税一般纳税人购入材料未取得专用发票所支付的增值税

17. 应交税费—应交增值税明细账应设置的专栏有(　　)。

A. 进项税额　B. 已交税金　C. 转出未交增值税　D. 出口退税

18. 根据消费税法律制度的规定，下列各项中，属于消费税征税范围的消费品有(　　)。

A. 高档手表　B. 木制一次性筷子　C. 实木地板　D. 高档西服

19. 下列为合法的增值税扣税凭证种类的有(　　)。

A. 增值税专用发票　B. 农产品收购发票(销售发票)

C. 税控机动车销售统一发票　D. 海关增值税专用缴款书

20. 增值税一般纳税人购进国内旅客运输服务，可以抵扣进项税额的抵扣凭证有(　　)。

A. 增值税专用发票　B. 增值税电子普通发票

C. 注明旅客信息的航空客运票　D. 注明旅客信息的公路、水路客票

21. 下列增值税一般纳税人可选择简易计税方式的有(　　)。

A. 装卸搬运服务　B. 公共交通运输服务　C. 文化体育服务　D. 电影放映服务

22. 增值税一般纳税人购进货物的下列进项税额中，不得从销项税额中抵扣的有(　　)。

A. 因管理不善造成被盗的购进货物的进项税额

B. 被执法部门依法没收的购进货物的进项税额

C. 被执法部门强令自行销毁的购进货物的进项税额

D. 因地震造成毁损的购进货物的进项税额

23. 下列关于固定业主纳税地点的表述中，正确的是(　　)。

A. 销售商标使用权，应向商标使用权购买方所在地税务机关申报纳税

B. 销售采矿权，应当向机构所在地税务机关申报纳税

C. 销售设计服务，应当向设计服务机构所在地税务机关申报纳税

D. 销售广告服务，应当向机构所在地税务机关申报纳税

24. 下列属于增值税免税项目的是(　　)。

A. 除个体工商户以外的其他个人销售自己使用过的物品

B. 古旧图书

C. 直接用于科学研究的进口仪器

D. 农业生产者销售自产的农产品

25. 下列项目的进项税额不得从销项税额中抵扣的是(　　)。

A. 外购货物用于个人消费

B. 生产应税产品购入的原材料

C. 因管理不善变质的库存购进商品

D. 因管理不善被盗的产成品所耗用的购进原材料

34. 甲公司为增值税一般纳税人，主要生产和销售空调，2021 年 9 月有关经济业务如下：

(1) 购进一批原材料，取得增值税专用发票注明的金额为 50 万元，增值税为 6.5 万元；支付相关运费，取得增值税普通发票注明的金额为 2 万元，增值税为 0.18 元。

(2) 接受股东投资转入一批材料，取得增值税专用发票注明的金额为 100 万元，增值税为 13 万元。

(3) 购进国内旅客运输服务，取得注明员工身份信息的航空运输电子客票行程单，票价共计 21 800 元，取得公路客票，票面金额共计 3 090 元，其中有 309 元的客票没有注明员工身份信息。

(4) 销售一批洗衣机，取得不含税销售额 200 万元，另外收取包装物租金 1.13 万元。

(5) 因管理不善，上月购进的一批原材料全部毁损，该批原材料的采购成本为 10 万元。(进项税已经抵扣)

要求：依次计算出每笔业务的销项或进项税额，或进项转出税额。

四、业务题

35. 某企业为增值税一般纳税人，本月发生如下经济业务：

(1) 购入一批原材料，买价 2 000 000 元，增值税 260 000 元，运费 1 000 元，运费增值税 90 元，共计 2 261 090 元，原材料入库，货款用银行存款支付，已收到增值税专用发票。

(2) 从小规模纳税人处购入一批农产品，作为原材料入库，增值税专用发票注明的买价为 200 000 元，增值税为 6 000 元，用银行存款支付。

(3) 购入免税农产品一批，作为原材料入库，收购发票注明的价款为 400 000 元，用银行存款支付。

(4) 购入不需要安装的机器设备一台，买价 500 000 元，增值税 65 000 元，运费 500 元，运费增值税 45 元，共计 565 545 元，用银行存款支付，收到增值税专用发票。

(5) 购入精装修房屋一栋，买价 3 000 000 元，增值税 270 000 元，共计 3 270 000 元，用银行存款支付。

(6) 企业管理人员张某报销出差机票，票款 1 060 元，民航发展基金(机场建设费)50 元，燃油附加费 30 元，合计 1 140 元，以银行存款转账支付。

(7) 由于管理不善，毁损产成品一批，实际成本 200 000 元，所耗购进货物的进项税额为 11 900 元。

(8) 将一栋生产用房改用于集体福利，原值为 2 000 000 元(增值税进项税额已经全部抵扣)，累计折旧为 130 000 元，净值为 1 870 000 元。

(9) 销售甲产品 100 件，不含税的价款为 5 000 000 元；增值税税率为 13%，增值税销项税额为 650 000 元，共计 5 650 000 元，款项收到，存入银行；该批产品成本为 4 000 000 元。

(10) 用一批原材料对外投资。原材料的账面价值为 1 300 000 元，投资双方协商的不含税价值为 1 500 000 元，增值税为 195 000 元。

(11) 销售乙产品 20 件，成本为 60 000 元，不含税的价款为 100 000 元，另负责运输，运输成本为 300 元，收取了不含税的自营运输费 500 元；自营运输费应一并按照 13% 的税率计算缴纳增值税，增值税销项税额为 13 065 元。共计 113 565 元，款项收到并存入银行。

(12) 销售的 2 件甲产品外观存在质量问题。经协商，给予买方 10% 的销售折让，以银行存款退回买价 10 000 元，增值税 1 300 元，合计 11 300 元；已收到税务机关的销售折让证明单，并开具红字增值税专用发票。

要求：做出相应的账务处理，计算本月应交增值税。

10. 某股份有限公司于 2022 年 1 月 1 日发行 3 年期、每年 1 月 1 日付息、到期一次还本的公司债券，债券面值为 400 万元，票面利率为 5%，实际利率为 6%，发行价格为 384.65 万元。按实际利率法确认利息费用，该债券 2023 年度确认的利息费用为(　　)万元。

A. 23.08　　B. 22　　C. 20　　D. 23.26

11. 戊公司 2023 年 1 月 1 日发行面值总额为 10 000 万元的债券，取得的款项专门用于建造厂房。该债券系分期付息、到期还本债券，期限为 4 年，票面利率为 10%，每年 12 月 31 日支付当年利息。该债券年实际利率为 8%。债券发行价格总额为 10 662.10 万元，款项已存入银行。厂房于 2023 年 1 月 1 日开工建造，该年度累计发生建造工程支出 4 600 万元。2023 年 12 月 31 日工程尚未完工，该在建工程的账面余额为(　　)万元。

A. 5 600　　B. 4 906.21　　C. 5 452.97　　D. 4 692.97

12. 戊公司 2022 年 1 月 1 日按面值发行三年期可转债，每年 1 月 1 日付息、到期一次还本，面值总额为 10 000 万元，票面利率为 4%，实际利率为 6%。债券包含的负债成分的公允价值为 9 465.40 万元，公司按实际利率法确认利息费用。公司发行此项债券时应确认的“应付债券—利息调整”的金额为(　　)万元。

A. 0　　B. 534.60　　C. 267.3　　D. 9 800

13. 2023 年 1 月 1 日，公司发行 3 年期的分期付息、到期还本债券。该债券的发行价格为 1 050 万元(不考虑发行费用)，面值总额为 1 000 万元，票面年利率为 6%，实际年利率为 4%。该债券于每年年末计息，每年 1 月 1 日付息。2021 年年末，该公司资产负债表中“应付债券”项目的报告金额为(　　)万元。

A. 1 000　　B. 1 041　　C. 1 032　　D. 1 050

14. 就发行债券的企业而言，所获债券溢价收入的实质是(　　)。

A. 为以后少付利息而付出的代价　　B. 本期的利息收入

C. 为以后多付利息而得到的补偿　　D. 以后期间的利息收入

15. 我国会计实务中，对带息应付票据的利息的账务处理是(　　)。

A. 记入“待摊费用”账户按期摊销

B. 将按期预提利息记入“财务费用”账户

C. 在发生时据实列支，一次性记入“财务费用”账户

D. 按期计算应付利息，并增加应付票据的账面价值

二、多项选择题

16. 企业发行债券正确的处理是(　　)。

A. 按债券面值记入“应付债券—面值”

B. 面值与实际收到的款项的差额记入“应付债券—利息调整”

C. 面值与实际收到的款项的差额记入“应付债券—溢折价摊销”

D. 按实际利率计算的利息记入“应付债券—应计利息”

17. 企业在筹建期间按面值发行债券，按期计提利息时，可能涉及的会计科目有(　　)。

A. 财务费用　　B. 在建工程　　C. 应付债券　　D. 管理费用

18. 下列对长期借款利息费用的会计处理，正确的有(　　)。

A. 筹建期间不符合资本化条件的借款利息记入“管理费用”

B. 筹建期间不符合资本化条件的借款利息记入“长期待摊费用”

C. 日常生产经营活动不符合资本化条件的借款利息记入“财务费用”

D. 符合资本化条件的借款利息记入“资产成本”

19. 下列各项中，会引起负债总额增加的有(　　)。

A. 计提管理部门职工薪酬　　B. 确认当期所得税

C. 计提应付债券利息　　D. 股东大会宣告分配股票股利

20. 分期付息、一次还本的债券，应于资产负债表日按摊余成本和实际利率计算确定的债券利息，可能借记的会计科目有(　　)。

A. 在建工程　　B. 制造费用　　C. 财务费用　　D. 研发支出

21. 公司债券无论是折价发行，还是溢价发行，都会涉及的科目有(　　)。

A. 财务费用　　B. 应付债券—面值

C. 应付债券—利息调整　　D. 应付利息

22. 应通过“长期应付款”科目核算的经济业务有(　　)。

A. 以分期付款方式购入固定资产发生的应付款

B. 以分期付款方式购入无形资产发生的应付款

C. 具有融资性质的延期付款购买资产

D. 应付融资租入固定资产的租赁费

23. 企业发生长期借款利息的情况下，借方可能涉及的账户有(　　)。

A. 在建工程　　B. 销售费用　　C. 管理费用　　D. 财务费用

三、计算综合题

24. 2023 年 1 月 1 日，甲公司从银行借入资金 2 700 000 元，借款期限为 2 年，年利率为 7%(每年年末付息一次，不计复利，到期还本)，所借款项已存入银行。2023 年 1 月 20 日，甲公司用该借款购买不需安装的生产设备一台，价款 2 000 000 元，增值税为 340 000 元，设备于当日投入生产使用。该设备采用年限平均法计提折旧，预计可使用 10 年，预计报废时的净残值为 50 000 元。

要求：

(1) 编制甲公司借入长期借款的会计分录。

(2) 编制甲公司购入生产设备的会计分录。

(3) 计算甲公司按月计提长期借款利息的金额。

(4) 编制甲公司按月计提长期借款利息的会计分录。

(5) 编制甲公司按月计提生产设备折旧的会计分录。

D. 采用分期收款方式销售商品，按照合同约定的时间确认收入

9. 下列各项中，属于合同取得成本的是(　　)。

A. 取得合同发生的差旅费　　B. 投标费

C. 续签合同的销售佣金　　D. 投标资料费

10. 下列各项中，属于其他业务收入的核算内容的是(　　)。

A. 银行存款利息收入　　B. 金融资产的利息收入

C. 转让著作权收入　　D. 捐赠所得

11. 下列各项中，属于合同负债的是(　　)。

A. 预收销售商品款

B. 应支付的租入设备的租金

C. 应付材料采购款

D. 因购买劳务而向供货商签发的商业承兑汇票

12. 甲公司接受一项设备安装合同，服务期 4 个月，合同总收入 540 万元。2023 年 12 月 31 日，甲公司已预收合同价款 400 万元，实际发生安装费 200 万元，预计将发生安装费 100 万元。甲公司 2023 年该设备安装业务应确认的收入是(　　)万元。

A. 360　　B. 400　　C. 480　　D. 540

13. 下列各项中用来核算企业确认的除主营业务活动以外的其他经营活动实现的收入的会计科目是(　　)。

A. 其他业务收入　　B. 主营业务收入　　C. 营业外收入　　D. 递延收益

14. 下列各项中，引起一项资产增加的同时，另一项资产减少的业务是(　　)。

A. 购买商品签发商业汇票　　B. 销售商品，预收货款

C. 收到存入保证金　　D. 垫付运费

15. 甲公司打包销售 A、B 两种商品，不含增值税总售价为 420 万元，A 商品与 B 商品的单独售价分别为 245 万元、367.5 万元。销售 A 商品应该分摊的交易价格为(　　)万元。

A. 245　　B. 168　　C. 280　　D. 420

16. 企业 3 月取得一项安装合同，合同约定服务期限为 4~8 个月。当月已预收全部劳务费用。该企业 3 月预收安装劳务费应记入的会计科目是(　　)。

A. 合同资产　　B. 主营业务收入　　C. 其他业务收入　　D. 合同负债

17. 下列各项中，会导致主营业务收入增加的是(　　)。

A. 出租固定资产的租金收入

B. 发生销售退回

C. 客户很可能支付的提前完成合同履约义务的奖金

D. 商业折扣

18. 对于在合同中规定了客户可 7 天无理由退回条款的销售业务，如果企业无法合理确定退货的可能性，则该收入确认的时间点是(　　)。

A. 发出商品时　　B. 收到货款时

C. 签订合同时　　D. 客户正式确认收货或退货期满时

19. 下列各项中，企业应当作为政府补助进行会计处理的是(　　)。

A. 政府以投资者身份向企业投入资本　　B. 出口退税

C. 增值税即征即退　　D. 减征企业所得税

20. 甲公司作为政府推广使用产品的中标企业，以900万元中标价格将一批成本680万元的产品销售给客户，该批商品市场价格950万元。销售当日客户取得商品的控制权。当年甲公司收到政府对该产品的财政补贴150万元存入银行。关于此业务，下列说法正确的是(　　)。

A. 主营业务收入增加900万元　　B. 营业收入增加900万元

C. 营业外收入增加50万元　　D. 营业成本为680万元

二、多项选择题

21. 下列各项中，属于合同履约成本的是(　　)。

A. 支付给直接为客户提供所承诺服务的人员的工资、奖金

B. 管理费用

C. 组织生产发生的固定资产折旧费

D. 支付给分包商的成本

22. 下列各项中属于其他业务收入的是(　　)。

A. 销售原材料收入　　B. 销售固定资产净收益

C. 出租包装物租金收入　　D. 投资性房地产租金收入

23. 下列各项中，收入计量的步骤包括(　　)。

A. 识别合同中的单项履约义务　　B. 识别与客户订立的合同

C. 确认交易价格　　D. 将交易价格分摊至各单项履约义务

24. 下列各项中，收入确认的前提条件有(　　)。

A. 发出商品

B. 合同具有商业实质

C. 合同明确了合同各方与所转让商品相关的权利和义务

D. 有明确的与所转让商品相关的支付条款

25. 下列有关收入说法，正确的有(　　)。

A. 收入包括代收的增值税　　B. 可能表现为资产的增加

C. 表现为所有者权益的增加　　D. 收入从非日常活动中产生

26. 甲公司销售A、B、C三种产品，其单独售价分别为60万元、30万元、10万元。甲公司经常以60万元的价格单独销售A产品，并且经常将B、C产品组合在一起以20万元价格销售。2023年，甲公司与客户签订合同，向其销售A、B、C三种产品，合同价款为80万元，这三种产品构成3个单项履约义务。2023年甲公司确认A、B、C三种产品的收入金额正确的是(　　)。

A. A产品确认收入为48万元　　B. B产品确认收入为15万元

C. C产品确认收入为5万元　　D. A、B、C三种产品确认总收入为80万元

27. 关于合同取得成本与合同履约成本的说法中，正确的是(　　)。

A. 合同差旅费，应当在发生时计入当期损益

B. 合同履约成本，在资产负债表中列示为存货

四、业务分录题

33. A公司为增值税一般纳税企业，适用的增值税税率为13%。2023年9月1日与B公司签订代销协议，委托B公司销售A商品1 000件，协议价180元/件，该商品的实际成本120元/件，受托方按协议价的8%收取手续费。9月3日，发出商品。9月30日，B公司已将A商品800件销售给顾客，款项均已收存银行并将所售的代销商品清单交付给A公司，并收到A公司按协议价开具的增值税专用发票。10月8日，A公司收到B公司支付的代销商品款(手续费不考虑增值税)。

要求：

(1) 编制A公司代销业务相关的会计分录。

(2) 编制B公司代销业务相关的会计分录。

34. A 企业为增值税一般纳税人，适用增值税税率为 13%。2024 年 12 月份发生下列经济业务：

（1）3 日，向乙公司销售库存商品一批，增值税专用发票上注明价款 50 000 元，增值税 6 500 元，款项尚未收到，该批商品成本为 26 000 元。

（2）11 日，出售原材料，应确认收入为 4 000 元，增值税 520 元。该材料“原材料”科目余额 2500 元，“材料成本差异”相关借方余额 200 元，款项已支付。

（3）15 日，出售无形资产，无形资产的账面余额为 60 000 元，已累计摊销 12 000 元，发生减值 2 000 元，取得出售价款为 90 000 元，款项已收到存入银行(不考虑增值税)。

（4）17 日，收到现金捐赠 70 000 元。

（5）上月销售的 B 产品本月退回 20 件，每件售价 2 000 元，单位成本 1 500 元，款项尚未收取，并开具红字增值税专用发票。

（6）结转固定资产报废净损失 100 000 元。

（7）将自产产品发放给职工作为中秋节福利，其中生产部门 30 人，管理部门 10 人，销售部门 10 人。该产品实际成本为 15 万元，市场售价 20 万元。

（8）月末收到了政府补助资金 20 万元用于弥补其遭受自然灾害的损失，采用总额法核算。

要求：编制上述业务的会计分录。

10. 企业发生的下列各项支出，不计入财务费用的是(　　)。

A. 外币汇兑损益　　B. 销售商品发生的商业折扣

C. 企业发行的应付债券计提的利息　　D. 企业经营期间的长期借款利息

11. 甲企业 2024 年度营业利润为 4 530 万元，营业收入为 5 010 万元，财务费用为 20 万元，管理费用为 15 万元，资产处置收益为 10 万元，营业外收入为 110 万元，营业外支出为 90 万元，所得税税率为 25%。假定不考虑其他因素，该企业 2024 年度的净利润应为(　　)万元。

A. 3 397. 5　　B. 3 427. 5　　C. 3 412. 5　　D. 3 753. 75

12. 某企业 2023 年发生亏损 100 万元，2024 年营业利润为 500 万元，利润总额 600 万元，其中包括国债利息收入 50 万元，营业外支出中有税收滞纳金罚款 70 万元，该企业适用的所得税税率为 25%，则 2024 年应交所得税金额为(　　)万元。

A. 127. 5　　B. 130　　C. 155　　D. 105

13. 宗宇公司 2024 年税前会计利润为 400 万元，其中国债利息收入 12 万元、当年的工资总额为 250 万元、职工教育经费 30 万元、职工福利费 40 万元，适用所得税税率 25%，该公司 2024 年所得税费用为(　　)万元。

A. 100. 75　　B. 98. 25　　C. 102　　D. 100

14. 下列各项中，属于应交所得税额纳税调增项目的是(　　)。

A. 第 5 年未弥补的亏损　　B. 国债利息收入

C. 税收滞纳金　　D. 免税项目

15. 以下关于费用的说法中，错误的是(　　)。

A. 形成于日常活动中　　B. 会导致所有者权益增加

C. 与所有者分配利润无关　　D. 是经济利益的总流出

16. 会计期末结转本年利润的方法是(　　)。

A. 表结法　　B. 报告式　　C. 多步式　　D. 账户式

17.《企业所得税法》规定允许扣除的工会经费不能超过(　　)。

A. 工资总额的 14%　　B. 工资总额的 8%

C. 工资总额的 12%　　D. 工资总额的 2%

18. 甲企业 12 月发生公益性捐赠支出 9 万元，出售固定资产净损失 20 万元，支付税务局罚款 3 万元。不考虑其他因素，该企业 12 月计入营业外支出的金额为(　　)万元。

A. 12　　B. 32　　C. 23　　D. 16

19. 2024 年甲公司当期应交所得税 15 800 万元，递延所得税资产本期净增加 220 万元(其中 20 万元对应其他综合收益)，递延所得税负债未发生变化，不考虑其他因素，2024 年利润表应列示的所得税费用金额为(　　)万元。

A. 15 700　　B. 16 020　　C. 15 580　　D. 15 600

20. 2024 年 A 公司支付销售部门人员工资 10 万元，计提专设销售机构使用房屋折旧 1 万元，支付广告费 5 万元，支付生产车间的固定资产修理费用 4. 5 万元，计提固定资产减值准备 2. 5 万元，计提车间固定资产折旧 3 万元，甲公司该年应确认的期间费用为(　　)万元。

A. 26　　B. 20. 5　　C. 14. 5　　D. 16

二、多项选择题

21. 下列各项中，需要调整增加企业应纳税所得额的项目有(　　)。

A. 国库券利息收入　　B. 超标的业务招待费支出

C. 税收滞纳金　　D. 超过税法规定扣除标准的工资支出

22. 下列各项中，应列入利润表“营业成本”中的是(　　)。

A. 在建工程领用产品的成本　　B. 投资性房地产的折旧额

C. 出售原材料收入　　D. 资产减值损失

23. 下列各项中，既影响营业利润又影响利润总额的是(　　)。

A. 计提管理人员工资　　B. 转让交易性金融资产的收益

C. 计提所得税费用　　D. 固定资产报废净收益

24. 下列各科目的余额，期末应结转到“本年利润”科目的有(　　)。

A. 营业外收入　　B. 待处理财产损溢

C. 投资收益　　D. 信用减值损失

25. 下列各项，应计入营业外收入的有(　　)。

A. 即征即退的增值税返还款　　B. 非货币性资产交换利得

C. 出售固定资产取得的净收益　　D. 转让交易性金融资产取得的净收益

26. 下列各项业务中，计入“营业外支出”科目的有(　　)。

A. 购买原材料途中合理损耗　　B. 无法查明原因的现金盘亏

C. 罚没支出　　D. 自然灾害导致的存货净损失

27. 下列各项中，通过管理费用核算的是(　　)。

A. 补提坏账准备　　B. 盘盈存货　　C. 矿产资源补偿费　　D. 辞退福利

28. 下列各项，属于企业期间费用的有(　　)。

A. 管理费用　　B. 制造费用　　C. 销售费用　　D. 财务费用

29. 进行账务处理时，借记销售费用，贷方可能出现的会计科目有(　　)。

A. 银行存款　　B. 应付职工薪酬　　C. 预计负债　　D. 累计折旧

30. 下列各项中，应计入税金及附加的是(　　)。

A. 委托代销收回继续加工的消费税

B. 制造企业转让自用房产应缴纳的土地增值税

C. 交通运输企业提供运输服务应缴纳的增值税

D. 将自产的应税消费品发放给职工时的消费税

三、计算分析题

31. 甲公司11月未分配利润的贷方余额为85万元。12月有关损益类账户的余额如下：主营业务收入120万元，其他业务收入80万元，主营业务成本66万元，其他业务成本30万元，信用减值损失15万元，税金及附加10万元，销售费用6万元，管理费用8万元，财务费用2万元，营业外收入10万元，营业外支出12万元。

要求：

(1) 简述收入的概念。

(2) 简述收入与利得的区别与联系。

(6) 20 日，外购一批商品作为福利发放给公司职工。收到增值税专用发票注明的价款是 150 000 元，增值税 19 500 元。生产工人 50 人，销售部门人员 20 人，财务部门 10 人，行政管理部门 20 人。

(7) 28 日，摊销经营租入固定资产改良支出 14 000 元。

(8) 28 日，取得银行存款 5 年定期收入 30 000 元。

(9) 28 日，计提经营期间产生的一次还本付息的长期借款费用 12 万元。

(10) 29 日，发现现金短款 400 元，期末无法查明原因。

(11) 被投资单位实现净利润 2 000 万元，该投资是公司以合并以外的方式形成的长期股权投资，占被投资单位 30%股权。

(12) 年末对本公司固定资产进行维修并均取得增值税专用发票。其中，行政管理部门发生维修费 12 800 元、专设销售机构发生维修费 44 740 元、生产车间发生维修费 67 200 元。

要求：根据上述资料，不考虑其他因素，编制相关会计分录。

(答案中的金额以元为单位)

34. 甲公司2024年适用的所得税税率为25%，预计未来不会发生变动，甲公司未来有足够多的应纳税所得额用以抵减可抵扣暂时性差异。2024年税前利润总额为1 000万元，销售收入6 000万元，甲公司部分经济业务如下：

（1）计提固定资产坏账准备20万元。

（2）计提销售部门固定资产折旧25万元，税法允许抵扣20万元。

（3）2022年取得B公司70%的股权，2024年取得B公司宣告并分配的现金股利100万元（两者均为居民企业）。

（4）10月取得的交易性金融资产的成本为90万元，12月14日该金融资产的公允价值为120万元。

（5）发生广告费1 000万元，已用银行存款支付。

（6）2024年年初待弥补亏损200万元（对应的递延所得税资产为50万元）。

（7）因违反市场监督管理局规定，支付罚款12万元。

（8）计提应收账款坏账准备15万元。

（9）计算所得税费用并结转所得税费用。

（10）结转净利润。

（11）按净利润10%提取法定盈余公积。

（12）年末，结平利润分配的明细账户。

要求：根据上述业务编制会计分录。

10. 某股份有限公司委托证券公司发行普通股，股票面值总额 4 000 万元，发行总额为 16 000 万元，发行费按发行总额的 2%计算(不考虑其他因素)，股票发行净收入全部收到。公司该笔业务记入“资本公积”科目的金额为(　　)万元。

A. 4 000　　B. 11 680　　C. 11 760　　D. 12 000

11. 下列经济业务中，不会引起所有者权益总额变动的有(　　)。

A. 所有者投入货币资金　　B. 所有者向企业投入设备

C. 企业向所有者宣告分配现金股利　　D. 企业以盈余公积转增资本

12. 某公司某年年初所有者权益总额为 1 360 万元，当年实现净利润 450 万元，提取盈余公积 45 万元，向投资者分配现金股利 200 万元，本年内以资本公积转增资本 50 万元，投资者追加现金投资 30 万元。该公司年末所有者权益总额为(　　)万元。

A. 1 565　　B. 1 595　　C. 1 640　　D. 1 795

13. 某公司某年年初盈余公积为 260 万元，当年以其中的盈余公积转增资本 60 万元。当年实现净利润 300 万元，提取盈余公积 30 万元，以盈余公积向投资者分配现金股利 20 万元。该公司年末盈余公积为(　　)万元。

A. 200　　B. 230　　C. 210　　D. 180

14. 某企业某年年初未分配利润的贷方余额为 400 万元，本年度实现的净利润为 200 万元，分别按 10%和 5%提取法定盈余公积和任意盈余公积。假定不考虑其他因素，该企业年末未分配利润的贷方余额应为(　　)万元。

A. 410　　B. 510　　C. 540　　D. 570

15. 甲股份公司 2024 年按照每股 3 元从股票交易市场收购本公司每股面值 1 元的股票 1 000 万股实现减资，假设甲股份公司有足够的“资本公积—股本溢价”，注销库存股时，甲股份公司的会计处理是(　　)。

A. 冲减库存股 1 000 万元

B. 冲减股本 1 000 万元，冲减“资本公积—股本溢价”2 000 万元

C. 冲减股本 1 000 万元，冲减“资本公积—股本溢价”1 000 万元

D. 冲减库存股 2 000 万元，冲减“资本公积—股本溢价”2 000 万元

16. 企业发生的下列交易或事项，会引起“资本公积—其他资本公积”发生变动的是(　　)。

A. 可转债转换为股票，其债务成分和权益成分总金额大于相应转换股份面值总额的部分

B. 同一控制下企业合并中取得被合并方净资产在最终控制方合并财务报表中账面价值的份额小于所支付对价的账面价值

C. 授予员工股票期权，在等待期内确认相关费用

D. 接受非控股股东现金捐赠

17. 某股份有限公司按法定程序报经批准后采用收购本公司股票方式减资，购回股票支付价款低于股票面值总额的，所注销库存股账面余额与冲减股本的差额应计入(　　)。

A. 盈余公积　　B. 营业外收入　　C. 资本公积　　D. 未分配利润

18. 某企业盈余公积年初余额为 50 万元，本年利润总额为 600 万元，所得税费用为 150

万元，按净利润的10%提取法定盈余公积，并将盈余公积10万元转增资本。该企业盈余公积年末余额为(　　)万元。

A. 40　　B. 85　　C. 95　　D. 110

19. 某上市公司发行普通股1 000万股，每股面值为1元，每股发行价格为5元，支付手续费20万元，支付咨询费60万元。该公司发行普通股计入股本的金额为(　　)万元。

A. 1 000　　B. 4 920　　C. 4 980　　D. 5 000

20. 公司年初未分配利润借方余额50万元，本年实现净利润200万元，按净利润10%提取法定盈余公积，按5%提取任意盈余公积，向投资者分配利润80万元，年末未分配利润为(　　)万元。

A. 140　　B. 47.5　　C. 120　　D. 30

二、多项选择题

21. 下列事项中，能增加企业资本公积的有(　　)。

A. 溢价发行股票

B. 溢价发行债券

C. 接受现金捐赠

D. 某项资产转为投资性房地产，其转换日公允价值大于账面价值的差额

22. 盈余公积减少可能是因为用盈余公积(　　)。

A. 转增资本　　B. 对外捐赠　　C. 弥补亏损　　D. 派发股利

23. 按照我国现行会计制度规定，下列项目中，能转增资本的有(　　)。

A. 资本(或股本)溢价　　B. 未分配利润

C. 法定盈余公积　　D. 资本公积

24. 下列事项中，能增加或减少企业所有者权益的有(　　)。

A. 股东追加投资　　B. 按面值发行股票

C. 宣布发放现金股利　　D. 用资本公积转增资本

25. 下列各项中，应当计入企业利润总额的有(　　)。

A. 营业利润　　B. 投资收益　　C. 营业外收入　　D. 营业外支出

26. 下列各项中，作为当期营业利润扣除项目的有(　　)。

A. 销售价款中包含的增值税

B. 本期无形资产摊销额

C. 实际发生的广告费支出

D. 出售无形资产发生的净损失

27. 下列项目中，可以用来弥补以前年度亏损的有(　　)。

A. 法定盈余公积　　B. 任意盈余公积　　C. 资本公积　　D. 实收资本

28. 企业吸收投资者出资时，下列会计账户中，余额可能发生变化的有(　　)。

A. 盈余公积　　B. 资本公积　　C. 实收资本　　D. 利润分配

29. 下列项目中，属于所有者权益的有(　　)。

A. 所有者投入的资本　　B. 直接计入所有者权益的利得和损失

C. 应付职工薪酬　　D. 留存收益

38. 丙公司2024年年初未分配利润为30万元，任意盈余公积为20万元，当年实现税后利润180万元，公司股东大会决定按10%提取法定盈余公积，按25%提取任意盈余公积，分派现金股利50万元。

(1) 丙公司现有股东情况如下：A公司占25%，B公司占30%，C公司占10%，D公司占5%，其他占30%。

(2) 2024年5月，经公司股东大会决议，以任意盈余公积50万元转增资本，并已办妥转增手续。

(3) 2024年度丙公司发生亏损35万元。

要求：

(1) 根据以上资料，编制2024年有关利润分配的会计处理。

(2) 编制丙公司以任意盈余公积转增资本的会计分录。

(3) 编制2024年年末结转亏损的会计分录，并计算未分配利润的年末金额。

(盈余公积和利润分配的核算写明明细科目)

39. 丁公司 2024 年 12 月 31 日，有关损益类账户结转前余额如下表：

丁公司账户余额表

2024 年 12 月 31 日　　　　单位：元

收入、利得类账户	贷方余额	费用、损失类账户	借方余额
主营业务收入	6 000 000	主营业务成本	3 600 000
其他业务收入	1 100 000	其他业务成本	900 000
公允价值变动损益	100 000	税金及附加	60 000
投资收益	400 000	销售费用	200 000
营业外收入	51 000	管理费用	300 000
		财务费用	100 000
		资产减值损失	200 000
		营业外支出	30 000

该公司适用所得税税率为 25%。假设投资收益中有 80 000 元的国债利息收入，营业外支出中有 5 000 元的税收罚款支出，无其他纳税调整事项。丁公司 2024 年度年初“利润分配—未分配利润”账户有贷方余额 50 万元，2024 年度全年实现净利润 964 500 元。根据股东大会决议，其利润分配方案如下：按净利润的 10%提取法定盈余公积，按净利润的 10%提取任意盈余公积，向投资者分派现金股利 32 万元。

要求：根据上述资料，请完成以下会计处理。

(1) 结转收入、利得类账户的余额至“本年利润”账户。

(2) 结转费用、损失类账户的余额至“本年利润”账户。

(3) 计算利润总额。

(4) 计算并确认所得税费用。

11. 2024 年 12 月，企业生产成本借方余额 500 万元，原材料借方余额 240 万元，材料成本差异贷方余额 45 万元，存货跌价准备贷方余额 12 万元，发出商品借方余额 35 万元，期末资产负债表中存货科目余额为(　　)万元。

A. 808　　B. 718　　C. 773　　D. 683

12. 下列各项中，自资产负债表日起一年内到期且企业不能自主将清偿义务展期的长期借款，应列入资产负债表的(　　)项目。

A. 长期借款　　B. 其他非流动负债

C. 一年内到期的非流动负债　　D. 短期借款

13. 下列各项中，属于筹资活动产生的现金流量项目的是(　　)。

A. 收到的税收返还　　B. 支付给职工及为职工支付的现金

C. 购建固定资产支付的现金　　D. 偿还债务所支付的现金

14. 下列各项中，在资产负债表单独列示的是(　　)。

A. 工程物资　　B. 应收股利　　C. 未确认融资费用　　D. 合同资产

15. 下列各项中，在"支付给职工以及为职工支付的现金"项目中反映的是(　　)。

A. 支付财务人员工资

B. 企业支付的统筹退休金

C. 支付在建工程人员的工资

D. 企业支付给未参加统筹的退休人员的费用

16. 下列各项中，属于"与其他经营活动有关的现金"项目的是(　　)。

A. 支付工商局开出的罚款　　B. 缴纳所得税费用

C. 支付职工工资　　D. 签发商业承兑汇票结算购买存货款

17. 长城公司期末相关会计科目余额如下：固定资产借方余额 200 万元，累计摊销贷方余额 25 万元，固定资产减值准备贷方余额 20 万元，固定资产清理借方余额 34 万元，该公司期末资产负债表中"固定资产"项目的金额是(　　)万元。

A. 146　　B. 214　　C. 121　　D. 189

18. 下列各项中，会影响"销售费用"项目的是(　　)。

A. 发生的商业折扣　　B. 摊销为取得合同发生的增量成本

C. 随同商品出售单独计价的包装物成本　　D. 业务招待费

19. 2024 年年初，A 公司所有者权益总额为 1 120 万元，2024 年实现的综合收益总额为 300 万元，盈余公积转增资本 200 万元，向投资者分配现金股利 15 万元。不考虑其他因素，A 公司 2024 年所有者权益变动表中所有者权益合计"本年年末余额"的列报金额为(　　)万元。

A. 1 250　　B. 1 420　　C. 1 220　　D. 1 405

20. 2024 年 12 月 31 日，有关会计科目余额如下：库存商品 320 万元，原材料 88 万元，在建工程 250 万元，工程物资 65 万元，生产成本 140 万元，在建工程减值准备 21 万元，期末资产负债表中在建工程的科目余额是(　　)万元。

A. 842　　B. 229　　C. 294　　D. 250

二、多项选择题

21. 企业的年度财务会计报告应该包括(　　)。

A. 会计报表　　B. 会计报表附注
C. 财务情况说明书　　D. 会计报表说明书

22. 下列各项中，属于资产负债表的作用的有(　　)。
A. 帮助企业管理者和投资者了解企业的经营状况和财务状况
B. 可以帮助利益相关方评估企业的偿债能力
C. 了解企业的资本结构
D. 可以帮助企业管理者制定决策

23. 下列各项中，属于现金及现金等价物的有(　　)。
A. 银行汇票存款　　B. 5 年定期的银行存款
C. 股权投资　　D. 2 个月内到期的债券投资

24. 下列报表中按照权责发生制编制的有(　　)。
A. 资产负债表　　B. 利润表
C. 现金流量表　　D. 所有者权益变动表

25. 下列各项中，根据明细科目余额计算填列的是(　　)。
A. 一年到期的非流动资产　　B. 其他应付款
C. 应收账款　　D. 预收账款

26. 下列各项中，应列入资产负债表“应交税费”项目的有(　　)。
A. 企业发生的印花税　　B. 应交税费—应交增值税借方余额
C. 应交税费—代转销项税额贷方余额　　D. 应交税费—简易计税贷方余额

27. 下列各项中，在资产负债表中属于负债项目的是(　　)。
A. 长期待摊费用　　B. 递延收益　　C. 预收款项　　D. 开发支出

28. 下列各项中，属于企业财务报表附注中披露的是(　　)。
A. 重要的会计政策　　B. 财务报表的编制基础
C. 或有和承诺事项　　D. 企业简介

29. 下列各项中，属于资产负债表中所有者权益项目的有(　　)。
A. 每股收益　　B. 其他综合收益
C. 库存股　　D. 其他权益工具

30. 综合收益总额是根据(　　)的合计金额数填列。
A. 利润总额　　B. 净利润
C. 其他综合收益　　D. 其他综合收益税后净额

三、计算分析题

31. 富民公司是一家大型国有控股公司，对外报送的财务会计报告由会计主管签字盖章后报出，报告包括资产负债表、利润表、所有者权益变动表、现金流量表及报表附注。

要求：根据以上资料，回答以下问题。

(1) 什么是财务报表？

(2) 富民公司对外报送财务会计报告的行为是否符合规定？为什么？

(3) 简述所有者权益变动的原因。

(4) 资产负债表的理论依据是什么？

四、业务分录题

33. 富民公司为增值税一般纳税人，适用税率为 13%，商品成本在出售时一起结转。原材料采用计划成本法核算，所得税税率为 25%。

2024 年 12 月富民公司发生如下经济业务：

(1) 3 日，用银行存款 2 050 万元购入甲公司发行的股票，占甲公司 30%的股权，购入日甲公司可辨认净资产的账面价值 6 500 万元，可辨认净资产的公允价值 7 000 万元，额外支付相关手续费 0.5 万元。

(2) 5 日，车间管理部门领用 B 材料 20 000 千克，管理部门领用 B 材料 5 000 千克，销售部门领用 B 材料 5 000 千克。计划成本为 2 元/千克，材料成本差异率为-2%。

(3) 8 日，销售给乙公司的部分商品由于存在质量问题，乙公司要求退回上月所购商品的 50%，经过协商，富民公司同意了乙公司的退货要求，并按规定向乙公司开具了增值税专用发票(红字)，支付了退货款，发生的销售退回允许扣减当期的增值税销项税额，该批退回的商品售价 100 万元，成本 40 万元，已验收入库。

(4) 12 日，经董事会研究决定，拟辞退职工 15 人，费用共 10 万元。其中生产部门 3 人，销售部门 9 人，管理部门 3 人。

(5) 18 日，与丁公司签订销售协议，协议约定，富民公司向丁公司销售 A 商品与 B 商品，当 B 商品发货完成才具有无条件收款权。当日向丁公司发出 A 商品，其成本为 35 万元，开具的增值税专用发票上注明的售价为 58 万元，增值税为 7.57 万元。

(6) 19 日，支付经济合同违约金 3 万元。

(7) 28 日，根据“折旧费用汇总表”的记录：上月固定资产折旧额为 85 万元，分别为：基本生产车间机器设备折旧费 55 万元，行政部门管理用具折旧费 10 万元，专设销售机构运输工具折旧费 20 万元。上月固定资产的增加情况如下：管理部门购入一台办公设备，价值 9 万元，预计折旧年限为 3 年，采用年限平均法计提折旧，销售部门报废一台固定资产，该资产月折旧额为 0.5 万元。

(8) 29 日，对 A 材料进行减值测试。A 材料的实际成本为 62 万元，不含增值税的销售价格为 45 万元，拟用于生产 5 000 件 C 产品，将该材料加工成 C 产品尚需投入的成本为 15 万元，由于材料的市场价格持续下降，C 产品不含增值税的市场价格由原 80 万元下降为 66 万元，估计销售该批产品将发生销售费用及相关税费 1 万元。

(9) 计提长期借款利息，该借款为 2022 年 1 月借入，一次还本分期付息，贷款期限 4 年，贷款金额 120 万元，贷款年利率 4.1%，用于购建固定资产，2023 年 6 月在建工程已达到预定可使用状态，至今尚未办理竣工决算。

(10) 计算本月应交所得税，假定该公司适用的所得税税率为 25%，本期无任何纳税调整事项。

(11) 结转损益类账户。

2024 年 1 月至 11 月富民公司损益类科目累计发生额如下：

单位：元

账户名称	借方余额	贷方余额
主营业务收入		522
主营业务成本	250	

续表

账户名称	借方余额	贷方余额
其他业务收入		120
其他业务成本	83	
投资收益		6
营业外收入		12
营业外支出	8	
税金及附加	56	
销售费用	21	
财务费用	32	
管理费用	18	
所得税费用	12.15	

要求：

（1）编制相关会计分录。

（2）编制富民公司2024年利润表。

利润表

编制单位：富民公司 单位：万元

项目	本期金额
一、营业收入	
减：营业成本	
税金及附加	56
销售费用	
管理费用	
财务费用	
资产减值损失	
加：公允价值变动收益	0
投资收益	6
二、营业利润(亏损以"-"填列)	
加：营业外收入	
减：营业外支出	
三、利润总额	
减：所得税费用	
四、净利润(亏损以"-"填列)	

续表

总账科目	明细科目	计量单位	数量	单位	借方余额	贷方余额
应交税费						17 500
	应交增值税					4 300
	应交个人所得税					13 200
实收资本						2 824 000
资本公积						187 600
盈余公积						373 860
本年利润						243 000
利润分配	未分配利润					1 914 890
合计					6 696 530	6 696 530

资料 2：12 月经济业务如下。

(1) 1 日，收回上月核销坏账 12 000 元。

(2) 3 日，从甲公司购入 A 材料 2 000 千克，取得增值税专用发票注明价款 120 000 元，增值税 15 600 元，材料实际入库 1 995 千克，其余 5 千克为合理损耗；从乙公司购入 B 材料 1 800 千克，价款 81 000 元，增值税 10 530 元，开出商业汇票予以结算；从丙公司购入 C 材料 2 000 千克，价款 50 000 元，增值税 6 500 元，以银行存款支付。

(3) 4 日，以银行存款发放上月工资并缴纳住房公积金。

(4) 5 日，向丁公司销售商品一批，增值税专用发票上注明价款 210 000 元，增值税 27 300 元，成本 140 000 元，款项尚未收到。

(5) 随同商品销售单独计价的包装箱一批，销售价格 5 000 元，增值税 650 元，成本 3 500 元，全部款项尚未收到。

(6) 10 日，向戊公司销售商品一批，由于是成批销售，给予戊公司 1% 的商业折扣，该商品原价 382 000 元，成本 193 900 元，取得增值税专用发票。

(7) 15 日，基本生产车间生产产品领用 A 材料 4 000 千克，B 材料 500 千克，领用模具 5 000 元，销售部门领用 C 材料 800 千克。

(8) 16 日，出售办公设备一台，收到含税价 5 650 元存入银行。支付清理费用 1 000 元，增值税 130 元，该设备累计折旧 16 420 元。

(9) 28 日，计提坏账准备。

(10) 28 日，分配本月工资 150 000 元，其中生产工人工资 100 000 元，车间管理人员工资 20 000 元，行政管理部门工资 20 000 元，销售部门工资 10 000 元。

(11) 31 日，结转制造费用。

(12) 31 日，计算并结转本月应交增值税。

(13) 31 日，结转本月损益。

(14) 计算并结转所得税。

要求：

(1) 根据上述经济业务编制相关会计分录。

（2）编制2024年12月31日资产负债表。

资产负债表(简表)

编制单位：新乐公司　　　　2024年12月31日　　　　单位：元

资产	期末余额	上年年末余额(略)	负债及所有者权益	期末余额	上年年末余额(略)
流动资产：			流动负债：		
货币资金			应付票据		
应收账款			合同负债		
预付账款			应付职工薪酬		
其他应收款			应交税费		
存货			其他应付款		
流动资产合计			流动负债合计		
非流动资产：			非流动负债：		
固定资产			非流动负债合计		
			负债合计		
			所有者权益：		
			实收资本	2 824 000	
			资本公积	187 600	
			盈余公积	373 860	
			未分配利润		
非流动资产合计			所有者权益合计		
资产合计			负债及所有者权益合计		

10. 在上缴上级费用科目的账务处理中，单位发生上缴上级支出的，按照实际上缴的金额或者按照规定计算出应当上缴上级单位的金额，应(　　)。

A. 借记“上缴上级费用”科目，贷记“银行存款”“其他应付款”等科目

B. 借记“上缴上级费用”科目，贷记“财政拨款收入”科目

C. 借记“上缴上级费用”科目，贷记“其他支出”科目

D. 借记“上缴上级费用”科目，贷记“本期盈余”科目

11. 下列关于净资产类项目“期末余额”填列的表述中，错误的是(　　)。

A. “权益法调整”项目，应当根据科目的期末余额填列；如果“权益法调整”科目期末为借方余额，以“-”填列

B. 净资产类项目反映单位净资产金额的情况，一般根据会计账簿中“净资产”账户的期末贷方余额分析填列

C. “累计盈余”“专用基金”项目根据科目的期末余额直接填列

D. “负债和净资产总计”项目，应当按照“负债合计”“净资产合计”项目金额的合计数填列

12. 某事业单位2024年7月12日将一台使用过的机器设备用于对外投资，双方协商作价900 000元，购入被投资单位70%的股权。该机器设备于2023年7月购入，原始价值为1 000 000元，预计使用年限为5年。同时该机器的运费20 000元由该事业单位承担，用银行存款支付。请问，应记入“长期股权投资—成本”科目的金额为(　　)元。

A. 900 000　　B. 920 000　　C. 1 020 000　　D. 1 000 000

13. 在事业单位其他资金来源结转结余的核算中，按照规定从科研项目预算收入中提取项目管理费或间接费用时，按照提取金额应(　　)。

A. 借：非财政拨款结转—项目间接费用或管理费
　　贷：非财政拨款结余—项目间接费用或管理费

B. 借：非财政拨款结转—缴回资金
　　贷：资金结存—货币资金

C. 借：经营预算收入
　　贷：经营结余

D. 借：财政拨款结余—单位内部调剂
　　贷：财政拨款结转—单位内部调剂

14. 财政直接支付方式下，单位根据收到的“财政直接支付入账通知书”及相关原始凭证，按照通知书中的直接支付金额，借记“行政支出”等科目，贷记(　　)科目。

A. 资金结存—货币资金　　B. 财政拨款预算收入

C. 资金结存—财政应返还额度　　D. 事业支出

15. 政府会计的基本职能是(　　)。

A. 反映和监督　　B. 预测和决策

C. 计划和控制　　D. 评价和激励

16. 政府会计的基本原则不包括(　　)。

A. 真实性　　B. 合法性　　C. 及时性　　D. 灵活性

17. 下列各项中，属于政府会计主体的暂收性负债的是(   )。

A. 应付职工薪酬　　B. 预收账款

C. 应缴财政款　　D. 应付国库集中支付结余

18. 事业单位无偿调入固定资产，其成本确定方法为(   )。

A. 按照调出方账面价值加上相关税费等确定

B. 按照调出方账面价值减去相关税费等确定

C. 按照调入资产的评估价值确定

D. 按照名义金额确定

19. 事业单位接受捐赠取得一批存货，没有相关凭证且未经资产评估，无同类或类似资产的市场价格，则其入账金额为(   )。

A. 公允价值　　B. 捐赠方的账面价值

C. 名义金额　　D. 未来现金流量现值

20. 下列行政事业单位的固定资产中，应当计提折旧的是(   )。

A. 文物和陈列品　　B. 动植物

C. 房屋　　D. 以名义金额计量的固定资产

二、多项选择题

21. 下列各项中，关于政府会计核算模式的表述正确的有(   )。

A. 政府会计主体应当编制决算报告和财务报告

B. 政府会计由预算会计和财务会计构成

C. 政府预算会计实行收付实现制，国务院另有规定的，从其规定

D. 政府财务会计实行权责发生制

22. 下列各项中，应在期末结转入"累计盈余"科目的有(   )。

A. 本年盈余分配　　B. 以前年度盈余调整

C. 本期盈余　　D. 无偿调拨净资产

23. 下列有关无偿调拨净资产科目的表述中，正确的有(   )。

A. 贷方登记无偿调入净资产　　B. 借方登记无偿调出净资产

C. 年末科目余额全部转入累计盈余　　D. 年末结账后本科目无余额

24. 下列各项中，属于政府预算会计要素的有(   )。

A. 财政结余　　B. 经营结余

C. 预算收入　　D. 预算支出

25. 下列各项中，属于事业单位非流动资产的有(   )。

A. 固定资产　　B. 零余额账户用款额度

C. 长期股权投资　　D. 财政补助结转

26. 下列行政事业单位的资产中，其初始成本不能采用名义金额计量的有(   )。

A. 公共基础设施　　B. 保障性住房

C. 政府储备物资　　D. 无形资产

27. 某事业单位通过单位零余额账户转账支付一台不需要安装的台式电脑价款 20 000 元。下列各项中有关该事业单位账务处理正确的有(   )。

32. 某事业单位发生如下业务：

(1) 采用财政直接支付方式支付专用设备的购置款项30万元，设备收到并投入使用。

(2) 单位自建一片内部停车场，使用银行存款支付建造的材料费用1.5万元，工程材料已验收入库。

(3) 单位向下属幼儿园拨付补助资金15万元，用银行存款支付。

(4) 后勤部门支付汽油费用时，根据里程计算车辆对外服务应承担的油费为3 000元。

要求：根据以上资料，编制相关会计分录。

33. 某学校发生如下业务：

(1) 年初，单位得到通知，某项目的结余对应的财政应返还额度14万元被调剂给其他单位，注销本单位该部分财政应返还额度。

(2) 单位出租多余的办公用房给甲单位，取得商业汇票10万元。计算需要缴纳的相关税费0.66万元，其余资金需上缴国库。

(3) 1个月后汇票到期，收到银行存款。

(4) 单位后勤部门为甲单位提供职工午餐服务，月末计算甲单位应付本月餐费3万元。

要求：根据以上资料，编制相关会计分录。